文春学藝ライブラリー

# 公爵家の娘

## 岩倉靖子とある時代

浅見雅男



文藝春秋

岩倉靖子。撮影日不明。

目次

# 公爵家の娘——岩倉靖子とある時代

〔凡例〕

本文では元号を用いた。西暦に直すには明治の場合は六十七、大正の場合は十一、昭和の場合は二十五を足せばいい。日常生活においては西暦のほうが便利で合理的であることはいうまでもないが、本書ではあえて元号を用いた。

資料を引用する際には漢字は新字体に改めたが、仮名づかいはもとのままにしてある。また、明白な誤記は訂正し、句読点、段落は適宜補った。

敬称、敬語は省略した。

# はじめに

岩倉靖子が死をえらんだのは、昭和八（一九三三）年十二月二十一日のことである。

この日の早朝、靖子は東京渋谷鉢山町にあった岩倉公爵家の一室で、寝床に横たわったまま、かみそりで右の頸動脈を切った。苦悶の声に女中が気づき、ただちに医者がよばれたが、すでに手遅れだった。靖子は間もなく二十一年にも満たない生涯を終えた。

枕もとには、鉛筆でしたためた、つぎのような遺書があった。

「生きてゐることは、凡《すべ》て悪結果を結びます。これ程悪いことはないと知りながら、この態度をとることをお許し下さいませ。皆様に対する感謝とお詫びは云ひ尽せません。唯《ただ》愛に満たいと願つてもこの身が自由になりません。唯心の思ひを皆様に捧げることをおくみとり下さいませ。全てを神様に御まかせして、私の魂だけは、御心に依つて善いようになし給ふと信じます。説明も出来ぬこの心持を善い方に解釈して下さいませ」

死の直前の約八カ月間、靖子は獄中にいた。共産党シンパとして活動していたため、治安維持法違反の容疑で検挙、勾留されていたのである。

このころ、中国との間の長い戦争はすでに始まっていたが、日本国民のほとんどは、この戦争が帝国日本の滅亡に一直線につながっていくとは知らず、むなしい大国意識に酔っていた。

そんな時代に、公爵家に生まれ育った靖子がなぜ国禁の運動にかかわっていったのか。そして、なぜ自殺という道をえらんだのか。

いまは歴史の中に埋もれ、知るひとも稀れなこの若い女性の一生を中心に、昭和初期の社会のある断面を追っていきたいと思う。そのためには、まず明治にさかのぼり、靖子の父祖たちについて語らなければならない。

# 第一章　元勲の血筋と父の放蕩

## 岩倉公爵家の誕生

明治十七（一八八四）年七月七日、公侯伯子男の五爵位を定めた華族令が公布された。その結果、十一人の公爵が生まれたが、そのうち旧公家（堂上華族）は近衛篤麿、鷹司熙通、一条実輝、二条基弘、九条道孝、三条実美、岩倉具定《ともさだ》の七人である。

叙爵内規によれば、「親王諸王ヨリ臣下ニ列セラルル者」「旧摂家」「徳川宗家」「国家ニ偉勲アル者」が公爵に、「旧清華《せいが》」「徳川旧三家」「旧大藩知事（十五万石以上）」「旧琉球藩王」「国家ニ偉功アル者」が侯爵に、「大納言迄宣任ノ例多キ旧堂上」「徳川旧三卿」「旧中藩知事（五万石以上）」「国家ニ偉功アル者」が伯爵に、「一新前家ヲ起シタル旧堂上」「旧小藩知事（五万石未満）」「国家ニ偉功アル者」が子爵に、そして、「一新後華族ニ列セラレタル者」「国家ニ偉功アル者」が男爵に叙せられることになっていた。

前記七人のなかで、近衛から九条までの五人は所謂「五摂家」の当主だから、公爵になったのはこの内規の定め通りである。また、三条は公家社会では「摂家」よりも家格が一段低い「清華家」の当主だが、周知のように勤皇派公家の中心人物として維新で「偉勲」があり、また明治政府でも太政大臣などの顕官を歴任していたから、やはり公爵に叙せられるのは妥当であった。しかし、「一新前家ヲ起シタル旧堂上」に過ぎず、「偉勲」といえるようなものもなかった岩倉具定の公爵は、内規にしたがえば絶対にありえないことである。そのありえないことが起きたのは、一にも二にも具定の父具視が明治維新で果たした役割が、比類なきまでに偉大であると考えられたからにほかならない。

維新における具視の活躍について、ここでは多くを述べない。ただ、明治天皇が臨終に近い具視の病床を二度も見舞い、明治十六年七月二十日に彼が死んだあとには太政大臣の位を贈り、さらに廃朝三日、国葬をもって送ったことを見るだけで十分だろう。

薩摩、長州などの西方諸藩の武力がいかに強大だったにしても、もし京都朝廷に岩倉具視という政治的天才がいなかったら、倒幕の挙は実際よりもっと困難をきわめたにちがいないことを、天皇をはじめとする明治新政府の指導者たちは知りぬいていたのである。それからすれば、息子の具定が父の余慶で公爵になったのは、当然のことだと言えるかもしれない。

旧幕時代の岩倉家は、あきらかに公家社会の下層に属していた。平安時代の昔から、公家社会の主流はいうまでもなく藤原氏だったが、岩倉家は村上源氏の久我《こが》氏の分かれにすぎない。家禄はわずかに百五十石であり、官位もせいぜい参議あたりまでしか昇れない家柄だった。それが一挙に五摂家に伍して華族社会の頂点をきわめたのである。しかも具定の兄弟たちも、そろって子爵や男爵となった。旧公家の中で王政復古の恩恵をもっとも蒙ったのは岩倉一門だったと断じても、あながち言い過ぎではなかろう。

## 祖父具定

公爵となった具定は、戊辰戦争では官軍の東山道鎮撫総督（のち先鋒総督兼鎮撫使）として、各地を転戦した経験を持つ。弟の八千丸（具経《ともつね》、のちに子爵）も副総督に任じられ、兄と行動をともにした。もちろん、総督とか副総督とかいっても、まだ二十歳にもなっていなかった岩倉兄弟が、実際に戦闘の指揮をとったわけではない。軍の実権は、彼らの下に参謀などの名目で配属されていた武士たちが握っていたのである。

討幕のための各方面軍を率いた皇族や公家の青年たちは、岩倉兄弟だけではない。たとえば、東海道を江戸に向かって進む官軍の長は東征大総督有栖川宮熾仁《たるひと》親王だったし、山陰道鎮撫総督には西園寺公望があてられた。もちろん、このような人事は、戦争の大義名分のありかを明確に示そうという京都側の方針のあらわれである。その意味では、具定と八千丸が総督、副総督といったご大層な肩書をもらったのも不当ではないとも言える。しかし、けっして名門とはいえない岩倉家の息子が二人までも、このような重い地位についたことは、やはり普通ではなかった。おまけに具視の公式の伝記である『岩倉公実記』にさえ、「八千丸未だ首服を加えずして是の命を承く、蓋《けだ》し異例なり」とあるように、元服前の、いわばまだ子供の八千丸の副総督就任などは、どうみても奇異だった。

下級公家であろうがなかろうが、王政復古の過程で具視が京都朝廷の事実上の指導者になっていくのは、その実力からして当然のことではあった。が、家格にうるさい公家たちの中には、それを面白からず思う連中もたくさんいたから、この問題は彼らの具視に対する絶好の攻撃材料となった。心配したのは具視に好意的だった人々である。具視同様の下級公家で、所謂「七卿落ち」にも加わり、明治初期に侍従長をつとめた東久世《ひがしくぜ》通禧《みちとみ》は、つぎのような手紙を具視に送ったと、やはり『岩倉公実記』にある。

「八千丸殿東下之儀など、頗《すこぶ》る議論に渉り申し候……一家に関係の事柄は余程身を顧みて遊ばされ候様、皇国の為願ひ上候」

具視にしてみれば、率先して息子たちを危険な戦場におもむかせたという気もあったろうから、愉快ではなかったにちがいないが、大事な時期に自分からトラブルを起こすわけにはいかない。戦費の乱用などを理由に、奥州攻めを前に、具定、八千丸の二人を京都に呼び戻した。

このようなつまずきはあったが、岩倉家の若者たちは新時代のエリートだった。維新のあと、具定は長崎で学び、ついで今度は八千丸あらため具経《ともつね》ともども米国に留学した。つい少し前まで攘夷、攘夷と騒いでいたことも忘れたかのように、新政府は欧米に積極的に留学生を送ったが、岩倉兄弟もその中にいたのである。

## 豚児？

具定は帰国したあと、内務省に勤めたり、伊藤博文にしたがって各国の憲法調査のために欧州に渡ったりしたが、結局、政治にはたずさわらず、宮中にはいって、明治天皇の側で仕えた。

鳥谷部春汀の『岩倉具定公伝』には、明治時代の人物評論家として有名だった政治家として有名だった鳥谷部春汀《とやべしゅんてい》の『宮廷対政治家』という文章から、つぎのような一節が引用されている。

「（具定は）其才幹は父に及ばずと雖《いえど》も……毫《ごう》も政治上の野心なきは亦有道の君子人たるを失わず。……但《た》だ、大義名分に関しては大胆に直言して間々人の忌諱に触るることなきにあらざれども、御信任極めて厚くして……」

明治時代の宮内官僚の中心人物は、維新後、一貫して宮内大臣や侍従長をつとめた徳大寺実則《さねつね》だった。彼は温厚で実直な人柄だったが、それだけに政治家との折衝やモメ事の処理は苦手だったらしい。具定はたとえば侍従職幹事（注・侍従次長のような役）として、その実則をよく補佐し、政治家たちのゴリ押しなどにも屈しなかったという。要するに具定はうるさ型で、やや「きらわれもの」の気味もあったが、天皇の側近としては適材だったのである。

もっとも、他ならぬ徳大寺の実弟西園寺公望は、新聞記者出身の政治家だった小泉三申に対して、あるとき岩倉具視に「豚児の具定の身の上をくれぐれもよろしく頼む」と言われたという話を披露したついでに、「具定、これはいかさま（注・「たしかに」の意）豚児であった」などと、ひどいことを付け加えている（『随筆西園寺公』）。

なるほど一代の傑物だった父にくらべれば、具定は「豚児」だったかもしれないし、「元老」にまでなった西園寺にはまことに凡庸な人物に見えたのだろうが、これは点数が辛すぎるというべきだ。具定は宮内省大膳頭や宗秩寮《そうちつりょう》総裁、さらには枢密顧問官を歴任したうえで、明治四十二年六月に宮内大臣になっているし、のちにも触れるように、岩倉家の家長としてもなかなかの手腕を発揮している。まるっきりの「豚児」なら、やはりこうはいくまい。

具定は明治四十三年四月、宮内大臣のまま死んだ。享年五十八。岩倉公爵家の家督は、長男具張《ともはる》が継いだ。靖子の父である。

## 父具張、母桜子

死んだ具定は具視の次男だが、同腹の兄具義が僧侶になったため（注・のちに還俗して南岩倉宮を創る）、当主となった。しかし、正確に言うと、具視のつぎに岩倉家を継いだのは具定ではなく、富小路政直の息子で具視の長女増子と結婚していた具綱である。つまり、岩倉家の「中興の祖」とも言うべき具視を初代とすれば、具定は三代目であり、新公爵具張は四代目ということになる。

具張は明治十一年生まれだから、家督を継いだ時は三十一歳である。明治三十八年に東京帝国大学を卒業し、内務省内務地方局に勤めていたが、当主となると同時に内務省を辞め、宮内省御用掛に任じられて宮内大臣官房総務課勤務となった。また、貴族院の議席も世襲した。具視の孫、具定の息子にふさわしい道を歩み出したわけである。

具張は大学在学中の明治三十六年に、西郷隆盛の弟従道《つぐみち》の長女桜子と結婚していた。従道は陸軍、海軍双方の将官の肩書を持つという明治初期ならではの人物で、海軍、陸軍、内務、農商務大臣などを歴任、元帥府にも列せられた薩摩閥の大立者である。華族令施行とともに伯爵となり、のちに日清戦争の功で侯爵にのぼった。伊藤博文、山県有朋らとならぶ、所謂「新華族」の代表的存在である。

宮内省爵位課長だった酒巻芳男の『華族制度の研究』によれば、華族は厳密には九種類に分けられるというが、ほとんどの華族はつぎの三種類のどれかに属する。すなわち堂上華族（旧公家）、大名華族、それに旧幕時代の下級武士や商人たちが成り上がった新華族である。それぞれ当主が爵位を持ち、「皇室の藩屏」として特権を享受していることにおいては同じだが、つい最近の江戸時代までは、まるっきり異なる身分だったわけだから、お互い同士の縁談などでは面倒なこともあったらしい。

たとえば昭和天皇の末っ子島津貴子（清宮）の姑島津久子は、堂上華族の高倉永則子爵の娘として生まれたが、母の死後やってきた継母が大名家出身だったため、風習のちがいなどから家の中に波風が立ったと回想している（『梅のしるしと』）。

しかし、岩倉家と西郷家の間には、維新の際の具視と薩摩藩の密接な関係など、そういう出自のちがいを超えて釣り合う要素があった。具張の妹豊子も桜子の兄従徳《じゆうとく》と結婚しているし、具張、桜子夫妻の長女初子は従徳の養女になっている。岩倉、西郷両家は二重三重の関係で結ばれていたのである。

さらに妻となった桜子自身、幼いころから実に利発で小学校では飛び級をしたほどであり、また初めて彼女が髪を島田に結ったときに、皇后がそれを見るためにわざわざ宮中に来させたとの挿話があるほど、容姿も優れていた。岩倉公爵家の跡取りの妻としてふさわしいと、皆から思われたにちがいない。岩倉家は京都風の和食中心だったが、西郷家は洋食中心だったので、舅の具定が結婚後の桜子の食事にひじょうに気をつかったとの話まで残っている（『元帥西郷従道伝』）。この結婚はまずは非のうちどころのないもののはずだったと言うべきであろう。

具張と桜子の間には、つぎつぎに子供が生まれた。長男具栄《ともひで》（明治三十七年生）、次男具実《ともざね》（三十八年生）、三男具方《ともかた》（四十一年生）、長女初子（四十二年生）、次女雅子（四十四年生）、そして、大正二（一九一三）年一月十七日には靖子が三女として誕生した。

当時、岩倉家は東京市麴町区裏霞が関二番地にあった。もとは有栖川宮邸だった霞が関離宮の真ん前で、のちに大蔵省（現・財務省）が建てられた場所である。敷地の広さは約千五百坪。そこに具張一家のほか、先々代の具綱、具定未亡人久子、それに具張の弟妹たちが住み、二十人近い使用人もいた。傍目には、岩倉家は賑やかに繁栄していると見えたことだろう。

## 突然の隠居

ところが、靖子の生まれた翌年の大正三年夏、そのような繁栄が実は砂上の楼閣にすぎなかったことを示す大事件が、岩倉家に起こった。まだ三十六歳の当主具張が、突然隠居する羽目になってしまったのだ。

そのころ、具張は皇太后宮職主事兼宮内書記官の職にあったが、七月二十日、まず宮内書記官の辞表を提出した。理由は、司法大臣奥田義人から宮内大臣渡辺千秋にあてた親展の公文書をうっかり開封してしまった責任をとる、ということだった。

当時、宮内省は綱紀粛正問題で揺れており、具張があやまって開封してしまった文書も微妙な内容のものと思われたから、辞表の提出にも一応のもっともらしさはあった。しかし、なにしろ唐突すぎた。大正天皇がわざわざ側近に「なぜ岩倉は辞めるのか」と尋ねたというほどである。

辞任は結局認められ、「さすが具視公の孫だけあって潔い」という声も一部からは聞こえたが、世間では「なにかあるぞ」と疑うむきのほうが、はるかに多かった。新聞各紙もいっせいに動きだした。

そして、ことの真相が明らかになるまでには、それほどの時間はかからなかった。具張の宮内書記官辞任から数日後の新聞には、彼が高利貸しから巨額の借金をして、にっちもさっちもいかなくなっている旨の記事が大々的に掲載されたのである。

こうなっては、どうしようもない。七月二十九日、岩倉一門の岩倉道倶《みちとも》男爵と南岩倉具威《ともたけ》男爵の二人は、具張の皇太后宮職主事辞職願と隠居願を、華族の監督にあたる宮内省宗秩寮総裁久我通久あてに提出した。両方の願いは、宮内大臣を経て、おりから日光に避暑に出かけていた天皇に届けられた。多分、天皇も新聞などで真相を知り、驚き呆れていたに相違ない。両方の願いはただちに認められた。

七月三十日付の各新聞は、この椿事とその背景をこと細かに報道している。例として『大阪朝日新聞』の見出しを引こう。

「岩倉公の隠居」
「公爵家差押さへ」
「岩倉公の半面」
「お妾が宮内省へ日毎の電話」

さらに記事中には、ことさら大きな活字で、「其の他の債権者一時に差押を迫り現在請求中の金額のみにても百六十万円」とある。

当時、公爵は日本中で十七人しかいなかった。その中の一人、しかも「維新の元勲」の嫡孫の醜聞である。面白くないわけがない。当時の新聞は今の新聞のように「上品」ではなく、上流階級のゴシップを暴くことについても遠慮会釈がなかったから、微に入り細をうがって盛大に書きたてている。

その中から必要なことだけを要約すると、具張は新橋の花柳界に出ていたある芸者の色香に迷い、家や宝石を与えたり、そのころはまだ珍しかった洋食屋を開かせてやったりして大金をつぎこみ、あげくの果てに、たちの悪い筋から金を借りて詐欺まがいの手にひっかかり、ついに進退きわまったということである。

今となっては、細部の真相を確かめるすべもないが、とにかく具張が宮職を辞し、三十代半ばで隠居せざるをえなくなるようなことを仕出かしたことだけは間違いない。

具張の作ってしまった債務の金額は新聞によってまちまちだが、百万円を大きく超えていたことは確かなようだ。時代の異なる物価の比較はむずかしいが、『値段の明治大正昭和風俗史』によれば、大正三年当時の白米の小売価格が一升約二十一銭、また一カラットの上質のダイヤモンドでさえ五百円で買えたというから、百万円以上となると、現在では少なくとも数十億から百億円近くになるだろう。

そのころ、特権階級の男性が愛人を持つこと自体はべつに珍しくはなかったが、この借金の額はやはり異常である。世間がさわいだのも当然だった。

しかし、それはそれとして、歴史上の出来事として見た場合、この事件からわかる興味ぶかいことが一つある。それは、当主がこれだけのスケールの大きな「愚行」をおこなえるほど、明治になってからの岩倉家は、経済的に恵まれていたということである。

## 貧乏公家

旧幕時代の京都の公家たちはおおむね貧乏だった。明治になってからだが、彼らにあてて政府が出した禄制改革についての「口達」には、こんな一節がある。

「摂籙の門閥と雖も、小藩の家宰に如《し》かず。況《いわん》や小臣に至ては陪卒にも劣れるが如し。貴族大臣、救を親戚の藩に仰ぎ、僅かに家計を為《な》すに至る。小家に至ては其貧窶《ひんる》窮困実に不見《みるに》堪《たえざる》也」

摂政関白などの名門でも小さな藩の家老以下の家計で、親戚の大名の援助でやっと暮らしている。ましてや家格の低い公家たちは、大名の家臣にも及ばない生活で、その困窮ぶりは見るにたえない、というのだから相当なものだ。

もっとも、全部の公家がひどい貧乏暮らしをしていたかといえば、そうではない。公家は大名のように多くの家臣を抱えていたわけではないから、親戚の大名などから援助を受けていた家格の高いものたちは、そこそこに恵まれた生活ぶりだった。

「摂籙の門閥」の一つである一条家の家臣だった下橋敬長《しもばしゆきおさ》の回想談を集めた『幕末の宮廷』によれば、同家には紀州徳川家、水戸徳川家、肥後細川家、備前池田家などの大名が、毎年、数百石から千石の「お手伝い」と称する援助をおこなっていた。さらに、関白になれば千石の米が役料として支給されたから、「口達」のいう「僅かに家計を為に至る」は誇張というべきであろう。

また、格はそれほど高くなくても、かなり裕福な家もあった。前出の『随筆西園寺公』によれば、たとえば飛鳥井家、久我家、吉田家などには、ちょっとした大名に匹敵するくらいの収入があったという。

飛鳥井家は蹴鞠の家元だったが、そこに弟子入りすると、儀式のときにかぶる冠に紫の懸け緒という紐を下げることが認められた。そのために蹴鞠に興味はない大名たちも、競って飛鳥井家に入門した。また、久我家は全国の按摩を、吉田家は神社の神主を支配し、それぞれ免許料などを上納させていた。それが莫大な額になったのである。

西園寺家も琵琶の家元であり、飛鳥井家などには及ばぬまでも、それを教えることである程度の収入は得られた。「琵琶などつまらぬ」と言ったところ、家来たちに「そんなことでは御生計にさわります」と注意されたと、公望は回想している。

しかし、大部分の下級公家たちには、そうした金の生る木のような特権や、援助をしてくれる親戚はなかった。位階や官職はもっともらしいものを貰っていたが、経済力はまったくそれにともなわなかった。

岩倉家も例外ではない。家禄はわずかに百五十石、文字通りの「小家」である。しかも百五十石というのは名目で、実収はもっと少ない。それで公家としての一応の体裁はととのえなければならないのだから、当然、生活は苦しい。公家の屋敷が治外法権になっているのをいいことに、具視が自宅の一部を賭場にしてテラ銭を稼いでいたという有名なエピソードは、毛利敏彦『岩倉具視』によれば実は真偽が明らかでないそうだが、そんな伝説が生じるほど、旧幕時代の岩倉家は困窮していたのである。

## 非難の声

が、明治維新は、岩倉家に富をもたらした。その象徴が、明治二年九月に具視にあたえられた五千石の「賞典禄」である。五千石はいわば額面で、実際には一石につき二斗五升の現米が支給されたのだが、それにしても旧幕時代の岩倉家の家禄とくらべて雲泥の差の収入であることはまちがいない。

賞典禄とは戊辰戦争、函館戦争の功労者と王政復古の功臣に下賜された総額百万石の秩禄のことだが、具視にあたえられた五千石は、純粋に個人にたいするものとしては最高額だった。他に同額をもらったのは三条実美だけである。

具視、三条以外に賞典禄をあたえられた公家は十七人いるが、二人のつぎに多いのが明治天皇の生母の父中山忠能《ただやす》らの千五百石、「安政の大獄」に連座した大原重徳、前出の東久世通禧らが千石、東久世と同様に「七卿落ち」に加わった沢宣嘉らが八百石、西園寺公望らが三百石だから、五千石という額がいかにずば抜けていたかがわかるだろう。

これに対して、二人の息子を東山道鎮撫総督、副総督にしたときと同じように、公家仲間からは具視への激しい非難の声があがった。三宅雪嶺の『同時代史』がつぎのように記すように、もっとも怒ったのは二百石しかもらえなかった鷲尾隆聚《わしのおたかつむ》(注・のち伯爵、陸軍少将、元老院議官)だったという。

「鷲尾の如き、率先して討幕に奔走し、高野山に兵を挙げ、直ちに大阪城を衝かんとし、特に錦旗を賜はり、慶喜が早く遁れて長蛇を逸せしも、次いで奥羽征討総督ともなりたるに、岩倉が五千石、己れが二百石とは、人を愚にするの沙汰と思はれ、岩倉を罵りて已まず」

具視との額の相違もさることながら、鷲尾の怒りを一層かきたてたのは、具視の次男具定が三百石、三男具経でさえ自分と同額の二百石をもらったという事実だったにちがいない。たしかに、賞典禄の額を決めたのは新政府の首脳たちだから、いかに具視の功績が大だったとはいえ、五千石や息子たちへの賞典禄が「お手盛」であることは否めない。その意味では鷲尾らの非難は正当だが、しかし、それで動揺するほど具視はやわな神経の持ち主ではなかった。いったんは「莫大の賞秩を賜り候儀、実に過当の至に而《て》、慚愧不少候」（『岩倉公実記』）などと言って辞退したが、それはもちろん形式で、結局五千石は彼のものになった。

## 金禄公債

賞典禄について見れば、このように具視は高禄を手にしたわけだが、しかし、その後の彼のおこなったことを考えると、具視を自分だけが恩賞をむさぼった強欲な人物と決めつけることはできない。

明治新政府の成立後間もなく、政治の実権は完全に薩長を中心とする藩閥が独占するようになる。それにつれて、政府の中での具視の影はどんどん薄くなっていくが、その反動であろうか、具視は華族社会内部のことに情熱をかたむけるようになり、華族の自治組織である華族部制度を作り、自らその長である督部長に就任した。そして、その彼がとくに関心を集中させたのは、財産もなく生活能力にも乏しい堂上華族たちの経済的問題だったのである。

具視が同族のためにおこなった事業としてもっとも重要なのは、第十五銀行（華族銀行）の創設であろう。

周知のように、維新後、華族（公家、大名）と士族（武士）には、旧幕時代の禄高に応じた家禄が支給された。しかし、これは成立したばかりの明治政府の財政にとって大きな負担となった。賞典禄についても同様で、そのため政府は両者を順次整理し、明治九年八月に金禄公債の形に変えた。

公債をもらった華・士族は全国で約三十一万人だが、受領額には大きな差があった。最高は旧薩摩藩主島津忠義の百三十二万二千八百四十五円だが、士族の九五パーセントは百円未満の公債しか手にできず、しかも、それさえもすぐに手放し、没落していった。

公家は百円未満ということはなかったが、もともと旧幕時代の家禄が少なかったのだから、同じ華族でも大名にくらべれば少額の公債しかもらえなかった。最も多い金禄公債を受領したのは三条実美だが、それでも島津忠義の二十分の一にもあたらない六万五千円である。次いで具視の六万二千二百九十八円、そして、公家の九割近くは二万円未満であった。

もちろん、これでもほとんどの士族や、そもそも一円の公債ももらえなかった大多数の国民（平民）にくらべれば、公家たちは段違いに恵まれている。まさに棚からボタもちであった。具視は同族たちが、このボタもちを無駄に使い果たすことを心配した。金禄公債は新時代の彼らの経済的基盤を築くために生かされなければならないと考えた具視は、それを資本金として銀行を設立し、株式配当で生活能力に欠ける同族たちが暮らせるように算段したのである。

こうして明治十年五月に開業したのが、第十五銀行（注・正確には第十五国立銀行だが、この国立というのは国の法律に基づいて作られたという意味であり、国の銀行ということではない）である。資本金は約千七百八十万円、筆頭株主は島津忠義（七千六百七十三株、額面百円）で、以下、前田、毛利、細川、徳川、山内、浅野、鍋島などの大大名が大株主として名を連ねているが、具視も十三番目の株主（二千九百二十九株）になっている。

また、第十五銀行設立から数年後には、やはり華族の生活基盤安定の意味もこめ、具視が中心になって日本鉄道会社が作られた。そして、具視のねらい通りに、明治から大正中期まで、この二つの大企業の株式配当は、多くの華族の家計の中心となった。

## 堂上華族最高の資産家

しかし、こうした具視の配慮にもかかわらず、堂上華族の中には明治になって得た財産をあっという間に使いはたしてしまったものたちも多かった。借金を背負い、裏店《うらだな》に住んで、普通の平民とかわらない生活をするものたちも少なからずいた。

また、近衛や鷹司を初めとする名門の公家たちも、いつの間にか多額の負債を抱えていた。具視がその後始末に奔走したこともしばしばだったという。具視の死後しばらくして、明治天皇の意向で旧堂上華族保護資金というのが出来、相当の金が困窮している堂上華族にわけあたえられるようになったが、そうした制度が出来る前には、具視が個人的に同族のために金を用立てたりしたらしい。堂上華族社会の事実上のリーダーとしての責任感、そして、岩倉家が一挙に裕福になったことへのなにがしかの後ろめたさなどのなせるわざだろう。

その一方では、具視は堅実に着々と財をなしていった。華族に関する数少ない研究者の一人である千田稔の論文『華族資本の成立・展開　一般的考察』をもとに、明治五年ごろの三条実美の年収を推計すると二十数万円になるが、具視の収入もこれと同程度と考えてそれほど間違いはあるまい。そして、三条は各種の事業などに出資しては失敗し、多額の負債を背負うようになっていったが、具視は堅実そのものの家計運営をおこなっていた。第十五銀行の設立にあたって、かつての大大名たちと並んで多額の出資ができたのもその成果である。

もっとも、具視にも実は多額の負債があったという証言もある。そう述べているのは日本の新劇の祖で伯爵だった土方《ひじかた》与志（本名・久敬《ひさよし》）の夫人梅子である。

梅子は『土方梅子自伝』の中で、具視が与志の祖父久元を連帯保証人として三十万円の借金をし、しかもそれを返さずに死んでしまったため、久元の死後に家督を継いだ与志が返済に苦労したと語っている。そして、具視の遺族が負債を引きうけなかったのは華族世襲財産制度があったため、と梅子は続けるのだが、同制度ができたのは具視が死んでから四年後だからこれはおかしい。

しかし、梅子の回想記が出版された時期を考えると、梅子がわざわざ事実を曲げたとも考えにくい。また、梅子は借金の証文を実際に見ているようだから、具視名義の巨額の借金があったのは確かだと思われる。具視が華族督部長だったころ、華族部局が困窮した華族のために第十五銀行から低利で融資を受けてやったこともあった（前出『華族制度の研究』）から、この借金はあるいはその関連のものかもしれない。

いずれにしろ借金の有無にかかわらず、具視は巨富をなした。そして、次男具定も父と同じように着実に家産を守り、増やした。明治三十二年三月から四月にかけての『時事新報』に掲載されている全国大株主名簿によれば、岩倉家は全国でも二十六番目の株式資産を持っている。

この名簿の筆頭に出てくるのは宮内省内蔵頭だが、これはもちろん天皇家の代理人である。二位は第十五銀行、そしてその下に岩崎、三井、安田などの財閥や、島津、毛利などの大大名が名を連ねる。名簿全体を見渡しても、登場する堂上華族は具定と三条実美の後嗣公美の二名だけだが、具定の持つ株の価値は約百十二万円、三条のはその半分以下の五十三万円に過ぎない。しかも、三条が八社の株を持っているのに対し、具定は日本鉄道、第十五銀行、東京火災のわずか三社の株を持っているだけである。ここからも、岩倉家の資産運用の堅実さがわかる。

この具視、具定二代で作った莫大な財産を、具張はそのまま相続した。彼の隠居直前の新聞には「日本の資産家一覧」が載っているが、具張は堂上華族としてはただ一人、「資産壱百万円以上」の部に名を連ねていた。文字通り「百万長者」の公爵だったのである。

### 華族世襲財産制度

ところが、具張はこの財産の額に匹敵する借金をこしらえてしまったわけだ。いっそ気持ちがいいくらいの放蕩ぶりだが、岩倉家の人々にしてみれば破滅を招きかねない一大事である。一族が寄りあつまって対策を協議した。その結果、持ち出されたのが華族世襲財産制度である。

この制度は明治十九年四月にできた華族世襲財産法による。岡部牧夫・小田部雄次編・解説『華族財産関係資料』の「解説」などにもとづいて内容を簡単に説明すると、華族は家屋敷、田畑、山林などの不動産や、政府発行の公債、第十五銀行を含む特定の銀行、会社の株券などを世襲財産として設定できるというものである。世襲財産を設定した場合、そこから上がる収益を抵当として借金ができるが、その額は毎年の純収益の三分の一を超えてはならず、また、債権者も純収益の三分の一を超えて差し押さえることはできないことになっていた。そして、これがこの制度の一番肝心なところだが、世襲財産そのものを、負債の抵当として差し押さえることはできなかったのだ。

つまり、世襲財産を設定した華族は、いくら借金をしても、世襲財産は絶対に失わない仕組みになっていたのである。もちろん、借金は借金であり、それを踏み倒すことはできず、なんらかの方法で返済しなければならないのは当然だが、それにしても世襲財産はその設定を解除しないかぎりは守られるのだ。

岩倉家ではこれを利用した。親族会議に集まった一門の華族たちは具張を隠居させ、学習院初等科に通っているまだ十歳の長男具栄に家督をつがせて公爵とし、世襲財産だけを限定相続させることを決めたのだ。具栄の後見人には具視の孫にあたる南岩倉具威男爵がなった。

このようなことをしても、具張の作った借金は厳然として存在しているわけだから、かなりの財産が岩倉家から失われただろうが、少なくとも世襲財産として設定してあった裏霞が関の家屋敷や第十五銀行の株券は残った。岩倉公爵家はなりふりかまわぬ非常の措置によって、なんとか危機を脱することができたのである。

夫の隠居により、いまや公爵夫人ではなくなってしまった桜子は、具栄ら六人の子供たちを連れて、当時は東京の郊外だった渋谷猿楽町の西郷豊二邸に移った。言うまでもなく、世間の好奇の目を避けるためであろう。豊二は桜子の弟だが、そのころ横浜正金銀行のホノルル支店に勤めていたので、家は空き家になっていたのである。

そして、騒ぎの張本人の具張は、妻子とは行をともにせず、愛妾と一緒に姿を隠してしまった。あちこちを転々としていたようだが、隠居から半年ほどたった大正四年二月十七日付の『北海タイムス』には、具張が福島県の飯坂温泉で豪邸を買おうとしているとの記事が出ている。浪費癖は相変わらずおさまらなかったようだ。

父がスキャンダルを引き起こした当時、靖子は満二歳にもなっていない。この岩倉家を揺るがせた大事件をおぼえているはずもないが、成長するにつれて、事のあらましはさまざまな形で彼女の耳にも入ってきたにちがいない。その短い一生に、この幼い日の出来事があたえた影響は大きかったと思われるが、それについてはあとで見ることにしたい。

# 第二章　目白の女子大のなか

## キリスト教と母子

明治十年ごろ、桜子の父西郷従道は、目黒、渋谷一帯の土地約十四万坪を入手した。従道はそこに別荘を作ったり一族を住まわせたりしたが、岩倉母子が裏霞が関から移ってきた西郷豊二邸も、その一角にあった。

従道がこの広大な土地を買ったそもそもの目的は、兄隆盛に好きな狩猟を楽しんでもらうことだったというから、高級住宅街や盛り場となった現在とはちがって、この付近が明治初期にはいかにひなびた土地だったかがわかろう。大正の初めには少しは開けていたが、それでも繁華な都心とはくらべものにならない郊外である。

具栄の死後、友人知己が追悼録『岩倉具栄とその時代』を編んだが、彼はそこに収められた「思い出の日々」という遺稿の中で、猿楽町について「原始林が生え繁っていて、何とも云えず、いい所だった」と回想している。公爵になったとはいえ、まだ十歳の腕白ざかりの少年には、たしかに絶好の遊び場がたくさんある「いい所」だったろう。

しかし、いうまでもなく母の桜子は、閑静な環境を楽しむ気持ちになぞなれなかったにちがいない。周囲には具張との離婚をすすめる声も多かったというが、年端もいかぬ子供たちを何人もかかえている身では決心もつかなかったのだろう、じっと耐えていた。

そんな桜子に物心両面から救いの手をさしのべたのが、具張の姉で東伏見宮依仁親王の妃となっていた周子《かねこ》と、具視の末娘、つまり桜子には義理の叔母にあたる森寛子、それに寛子の息子明だった。とくに寛子と明が桜子母子の精神面にあたえた影響は大きかった。

森寛子については、明の長女関屋綾子（注・元日本YWCA会長。ちなみに哲学者森有正は明の長男）の『一本の樫の木』という好著に詳しいが、幕末に具視が朝廷内の勢力争いに敗れ、京都郊外岩倉村に追放されていたときに生まれた彼女は父親にとくに愛されたという。長じて旧久留米藩主の家柄の有馬頼万《よりつむ》と結婚し、のちに農林大臣などをつとめ異色の華族政治家として知られた頼寧《よりやす》など二人の子供を産む。ところが、どういうわけか実家に帰されてしまう。さらに森有礼《ありのり》と再婚し明が生まれるが、周知のように有礼は文部大臣のときに国枠主義者の暴漢によって殺されるのだ。

自分自身、このように不幸な身の上だったためか、寛子はかねてから夫の放蕩に苦しんでいた桜子によく気を配り、信仰していたキリスト教の教えを聞かせていた。また、明は牧師になっていたが、具栄など岩倉家の子供たちを自宅によび、聖書の話をしていた。そして明は、桜子たちが渋谷に移ってしばらく後、大正三年十二月二十四日、渋谷の海江田山（注・現在の渋谷桜ヶ丘町）にキリスト教の講話所を開いた。正式な名称を中渋谷日本基督教会講話所といい、有名な植村正久の富士見町教会の肢教会である。

明が講話所を開く場所として渋谷を選んだのは、偶然ではない。伝記『森明』によれば、明は桜子をキリスト教に入信させるために、その住まいのそばに講話所を設けたのである。

明の願いはかない、桜子は大正四年十月、植村正久によって洗礼を受けた。具栄ら三人の息子たちも、明の講話所の日曜学校に通った。岩倉家は敬虔なキリスト教信仰の雰囲気につつまれたのである。

このような環境の中で、まだ幼かった靖子も自然とキリスト教に親しむようになった。講和所は大正六年九月に中渋谷基督教会に発展し現在まで続いているが、その『七十年史』には、日曜学校に出席している幼い日の靖子の写真が載っている。また、十代前半まで靖子は定期的に教会に通っていたようだ。しかし、中学に入ったころにやはり植村正久によって洗礼を受けた兄たちとはちがって、靖子は成長するにつれ信仰から離れていった。彼女が再びキリスト教にめぐりあうのは、死の直前、獄中においてである。

**健気な子供たち**

桜子母子は、大正四年九月、渋谷から裏霞が関に戻った。西郷豊二がホノルルから帰ってきたためである。

靖子の妹で岩倉夫妻の末っ子の濔子《ひろこ》は大正七年二月に誕生しているから、具張もときどきは妻子のもとに顔を出していたようだが、いつもは裏霞が関から遠くはなれた別宅に愛人とともに住んでいた。しかも、具張はすでに岩倉公爵家の戸主ではないから、当然、影は薄い。熙子

蛇足かもしれないが説明しておくと、華族制度のもとでは爵位は個人にではなく家に与えられるものであった。公爵とか伯爵などと名乗れるのは家の当主だけであり、親であろうが隠居してしまえば華族の礼遇は受けられても爵位を称することはできなかった。ましてや、具張はたまにしか本宅をおとずれず、一家は事実上の母子家庭だったのだから、皆の期待を双肩にになったのは少年公爵具栄だった。

具栄は健気な少年だった。前出『岩倉具栄とその時代』には彼の、高校時代の日記が収められているが、その中にはつぎのような文章がある。

「家のことは随分面倒があったが、どうも仕方がない。僕が立派になって名誉回復するまでだ」

「僕は父方の祖父、曾祖父ともに大臣であり、母方の祖父又大臣にして、その兄は大西郷である。僕も大いに彼らの後を追はねばならぬ」

「何と云っても、僕の使命は、岩倉家の再興である。宮内大臣（十年以上）、侍従長、内大臣、枢密院議長、国家の重臣となって皇室の殊遇を辱うす」

期待の重圧は少年には負担だったかもしれないが、具栄はそれをはねのけるかのよう

に、一心不乱に勉学に励んだ。

当時、学習院初等科に学ぶ華族の子弟のほとんどは、そのまま学習院中等科、高等科へ進学したが、具栄は東京一の難関といわれた府立第一中学校（現・都立日比谷高校）を受験し合格した。そしてさらに第一高等学校文科、東京帝大法学部へと進んだのだから、その努力のほどがうかがえる。

また、具栄の二人の弟たちも、兄と同じように平凡なコースは歩まなかった。長弟具実は学習院中等科二年から陸軍幼年学校に転じたし、次弟具方も初等科から府立一中に進学した。

岩倉兄弟がこのように普通の華族の子弟とは一味ちがった道をたどったのには、母桜子の意向が大きくはたらいていた。桜子は長男を政治家に、次男を陸軍大将に、そして三男を海軍大将にしたいという願望を持っていたといわれる。維新第一の功臣岩倉具視と、陸海軍双方の大臣だった西郷従道の血をひく息子たちに、是非とも人並み以上の立身出世をとげてもらいたいと思ったのだろう。夫の不始末で家名が泥にまみれてしまった、との意識もその願いをいっそう強めたにちがいない。

もっとも母親がいくら躍起になっても、息子たちが多くの華族の子弟同様にノンビリしていたら、府立一中や幼年学校には進めない。具栄も具実も具方も頑張ったのである。先回りしていっておくと、結果的には岩倉兄弟は三人とも政治家や軍人にはならなかったが、学芸の道で名を残した。具栄は戦前は貴族院議員をつとめ、戦後は法政大学教授として英語、英文学を教えた。具実は士官学校在学中に健康を害し退学、成城高校から東京帝大文学部に進んで言語学を専攻し、同志社大学教授となる。具実は昭和五十三年十月に没し、具栄もそのわずか二週間後に死去した。また具方は府立一中卒業後、画家を志しパリに渡るが、昭和十二年十月、海軍従軍画家として上海で戦死した。

想像するに、夫であり父である具張がとんでもない形で家を出てからの岩倉家の母子の間には、世間から「うしろ指」をさされまいという暗黙の了解があったのだろう。

前述のような事情で岩倉家と血縁になる有馬頼寧は、その著書『政界道中記』でつぎのように書いている。

「公卿出身の元勲のなかで、その孫に当る人が放蕩して財産を蕩尽してしまったのがいるが、その時、或人が、あの家もああなるのが当然で、あの財産の出来た原因を思うと因果応報というべきだといった……」

有馬は具体的な名前は書いていないが、これが具視や具張のことであるのは疑う余地がない。

また、具張が醜聞をまきちらしてから二十年近くたっても、岩倉家との縁談に際し、「具張とはつきあわないこと」という条件をつけた華族がいたというぐらいだから、事件直後の母子を取り巻く人々の目は複雑で、あたたかいものばかりではなかったのである。

それを感じとった桜子らは、ぴんと気をはりつめていたであろう。さらに、母も息子たちも洗礼まで受けたのだから、岩倉家には上流階級の家にありがちな軽佻浮薄な雰囲気が存在する余地などなかった。真面目そのものの家庭だったのである。

靖子もこういう空気の中で育った。おっとりした真面目な性格のおとなしい少女だったと、少女時代の彼女を知るひとたちは言うが、靖子もまた母の思いを無意識のうちに理解していたのだろう。

## 女子学習院から日本女子大へ

その靖子が学習院女学部付属幼稚園に入ったのは大正六年四月、そして八年四月、女子学習院小学部へ進んだ。

女子学習院は、明治十八年に創設された華族女学校の後身である。一時、同じく宮内省の管轄下にあった学習院と統合され、学習院女学部となったこともあったが、大正七年に再び独立して女子学習院と名乗った。名称はいろいろ変わっても、学則第一条に「両陛下ノ優旨ヲ体シ華族ノ女子ヲ教育スルヲ以テ目的ト為シ」とあるように、要するに皇室の「藩屏」たる華族階級の女子を教育するために作られた学校である。したがって監督官庁も文部省ではなく宮内省だった。華族だけでは定員に満たない場合にかぎり、華族以外のものの入学も認められたが、もちろん、普通の市民の娘が通える学校ではなかった。カリキュラムも一般の小学校や女学校のものとは異なり、十歳くらいから外国語を学ばせたりしていた。一言でいえば、超高級花嫁学校である。靖子もそこで華族の娘にふさわしいと考えられた教育を受けた。

ところが元号があらたまってすぐの昭和二年九月、靖子は女子学習院を退学し、日本女子大（注・当時の正式名称は日本女子大学校だが、便宜上、以下もこう記す）附属高等女学校に転校してしまう。靖子が小学科に入学したころの女子学習院は、六年制の小学科と五年制の中学科、そしてその上の二年制の高等科からなっていたが、大正十一年四月から制度がかわり、小学科と中学科をあわせて十一年の本科とし、さらにそれを前期四年、中期四年、後期三年に分けた。その前、中期八年をおえたところで、靖子は女子学習院を去ったのである。

念のためにいうと、『岩倉具栄とその時代』についている年譜には、靖子が女子学習院本科十一年を修了してから日本女子大英文科に進学したと書かれている。しかし、『女子学習院五十年史』に収録されている「卒業修了及修業者並入園者名簿」には、靖子が昭和二年に転校したむね記されているし、また日本女子大には靖子が昭和二年七月付けで出した編入学願書が残っている。靖子が昭和二年に転校したのは事実である。

わずか二十一年にも足らない靖子の一生だが、それをあえて前半生と後半生に分けるとすると、境目はこの転校だろう。

後年、岩倉家に近い人々の中からは、「もし転校しなかったら、靖子さんはああいうことにはならなかったでしょう」という声も聞こえたが、それはやはり歴史の「if」であり、本当にそうであったかどうかは推測するしかない。しかし、このときから靖子が普通の華族の娘たちとは異なった道を歩き出したのは確かである。したがって、この転校についてはやや詳しく見ておく必要がある。

## 「退学」説について

まず強調しなければならないのは、この転校がきわめて異例だったということである。当時、女子学習院に入学した生徒たちは、親の転勤についていくなどの特別の理由がないかぎり、他の学校に移ることはまずなかった。とくに靖子は女子学習院で学ぶのが当然とされる堂上華族の公爵家の娘である。普通なら、転校など絶対にありえなかった。周囲も驚いたらしく、靖子が日本女子大へ移ったあと、女子学習院のある教師が、同校に在学していた次姉の雅子に、「なぜ妹さんは転校したのか」と文句を言ったという。

では、靖子はなぜあえて異例の転校をしたのだろうか。

まず、こんな「説」を紹介しよう。それは『日本女子大桂華寮』という本に出てくるのだが、靖子は自発的に学校をかわったのではなく、社会主義にかぶれたので女子学習院を追われた、というのだ。

なかなか「衝撃的」な説だが、これが成り立たないことは、すこし考えただけでもわかる。

まず、上述のように、靖子が転校したのは昭和二年九月、彼女が十四歳のときである。この年齢で、しかも当時の華族社会に育った少女が、学校を退学させられるほど社会主義にかぶれるなどということが、常識的にありうるだろうか。『日本女子大桂華寮』の著者は、靖子が転校したときの齢を正しく把握していないようだが、もしそれが十四歳だと知ったら、このような説はとうていなしえなかっただろう。

また、日本女子大は女子学習院とはちがって、建前としては誰にでも門戸を開いている学校である。校風も女子学習院にくらべれば自由だった。しかし、結局は良妻賢母の育成を目的としている。そこが、他校を「思想問題」で追われた学生を受け入れるだろうか。現在でさえ多くの私立女子校では、そのようなことはありえないといってよい。ましてや、半世紀以上前の昭和二年の話である。

あるいは、靖子が「退学」の理由を隠して日本女子大に移ってしまったという可能性も皆無ではなかろう。しかし、女子学習院ほどではないにしても、日本女子大の生徒にも上流階級の娘たちが多かった。前者でもし「不祥事」がおきたとすれば、後者の父兄、生徒、教員たちにはすぐにそれが噂としてつたわったにちがいない。女学校における思想問題での退学というのは、当時では大スキャンダルである。真相を隠しおおせるはずがない。

そして、この説へのなによりも決定的な反証は、女子学習院の教師が姉の雅子に文句を言ったという事実である。もし、靖子が退学させられたのだったら、こんなことが起こりうるわけがない。

靖子の転校について、『日本女子大桂華寮』で述べられている説が成り立たない理由をこれ以上述べる必要はなかろう。靖子の転校は異例ではあったが、思想的理由による退学というような異常な出来事ではなかったのである。

正確に言うと『日本女子大桂華寮』には、岩倉靖子という名前は出てこず、「岩倉公の孫」のことが語られている。しかし、この本を一読すればその「孫」が靖子を指していることはまったく疑う余地がない。小説ともノンフィクションともつかない作品なので、あまり細かく批判しても意味がないのかもしれないが、登場する人物のほとんどは実名だし、実績のある作者が書き、信用ある版元から出版されているのだから、明白な記述の誤りはやはり指摘しておくべきだろう。とくに獄中の靖子について触れた部分には見過ごすことのできない疑問点があるが、それについてはあらためて述べることにする。

## 叔父のすすめ

そこで、また「なぜ靖子は転校を」という問いにもどらなければならないが、ある信頼できる関係者の回顧によれば、靖子の転校の直接のきっかけは、古河虎之助（男爵）のすすめであったという。

虎之助は足尾銅山の開発で財をなし古河財閥を作った市兵衛の息子で、妻は西郷従道の娘不二子である。不二子は桜子の妹だから、虎之助は靖子には義理の叔父になる。その虎之助が靖子に転校をすすめたのである。

虎之助が何故そうしたのかについては後回しにして、まず古河夫妻と岩倉家の子供たちの特別な関係を説明しよう。

明治四十一年に結婚した虎之助と不二子は、残された写真などを見ても美男美女同士で体格もよかったが、残念ながら子供に恵まれなかった。そこで大正十年、当時五歳だった不二子の兄西郷従徳の五男従靖を養子に迎え、市太郎と改名させて溺愛した。ところが市太郎は養子になってから半年もたたないうちに、疫痢で死んでしまう。夫妻の嘆きは尋常ではなく、とくに虎之助は悲しみのあまりアルコール中毒と神経衰弱になり、そのためにハワイに転地療養したほどだった。

ハワイから帰った夫妻は、市太郎の一周忌を期して明徳会という孤児や不幸な子供のための養育施設を作ったりするが、さらに寂しさをまぎらすためだろう、姪にあたる岩倉家の娘たちを順ぐりに牛込若宮町の自宅に引き取った。養女にしたわけではないが、彼女たちは半年も一年も古河家に滞在して、そこから学校に通ったのだから、虎之助と岩倉家の娘たちは、単なる叔父、姪を越えた親密な関係であり、虎之助はいわば靖子たちの一時的な父親ともいうべき存在だったのである。

その虎之助が靖子に転校をすすめた遠因をたどると、昭和二年四月に岩倉家をみまった不幸な出来事が見えてくる。

よく知られているように、昭和天皇が皇位を継いだ直後から、日本全国を金融恐慌の嵐が吹き荒れた。直接的には震災手形の処理問題への不安から、各地の銀行が取りつけ騒ぎにあったのだが、それに第十五銀行も巻き込まれ、倒産同然になってしまった。当然、株式配当はなくなるし、預金も封鎖されてしまう。そのため、同行の株主や高額預金者だった多くの華族が経済的に大損害をこうむった。もし、第十五銀行が危ないと気づいても、世襲財産にしてある株券を臨機応変に売ることはできなかった。ここでは華族保護を目的とする世襲財産制度が裏目に出たのである。

岩倉家も例外ではなかった。当時、岩倉家は裏霞が関の邸宅も手放し、主な財産は五千株の第十五銀行株券だけだったから、受けた打撃は大きかった。

もっとも、ただの庶民とはわけがちがうから、それで岩倉一家が路頭に迷ったというようなことはない。前にも述べたように、もともと堂上華族たちには、明治中期に勅旨によってできた「旧堂上華族保護資金」による収入が保証されていた。国債、有価証券、現金などを原資とする資金を運用した配当が、公・侯爵には三、伯爵には二、子爵には一の割合で分けあたえられたのである。

旧華族へのインタビューをまとめた『華族』という本に収められている木戸幸一の談話によれば、昭和八年ころには公爵で年間六千円の配当があったという。これは、当時の陸軍大将の年俸六千六百円よりは少ないが、中将の年俸五千八百円よりは多い。普通の人間にはため息の出るような金額である（ちなみに総理大臣は月給だけで一年に九千六百円をもらっていた）。

さらに、具栄の「思い出の日々」によれば、本家の状況を憂慮した具視の四男で一族の長老の岩倉道倶《みちとも》が西園寺公望をたずね、宮中から特別の配慮があるようにしてもらったので助かった、とのことだから、岩倉家には別途の援助もおこなわれたのかもしれない。

しかし、経済的には問題がないとしても、「母子家庭」である岩倉家が具張の醜聞のときに続いて世間の荒波にもみくちゃにされる様は、周囲の同情をひいたにちがいない。当主の具栄は東京帝大を卒業したばかりで、就職先も未定だった。こうした非常事態に適切に対処できるはずはない。そこで、親戚たちが有形無形の手助けをした。その一環として、虎之助はいつものように岩倉家の娘をあずかることを申し出たのだろう。

四人いる娘たちの中から靖子がえらばれたのは、長女初子はすでに母の実家西郷家の養女になっていたこと、次女雅子は女子学習院本科の卒業まで一年しかなかったこと、そして四女の瀰子はまだ他家にながく滞在するには幼かったからではないかと思われる。

## 母と本人の希望

このようにして自分のもとにやってきた靖子に、虎之助はあえて転校をすすめた。多分、幼時から家庭のごたごたに巻き込まれつづけた不憫な姪の環境を、すこしでも変えてやりたいと思ったからだろう。養子市太郎を亡くしたときの悲しみ方の深さを見てもわかるように、虎之助や妻不二子は幼いものへの愛情が人並み以上に深かった。靖子が哀れだと思い出したら、いてもたってもいられなかったのではないか（その分、のちに靖子が検挙されたときは反動も大きかったようだ。虎之助は「恩を仇でかえされた」と激怒したという)。

うまい具合に、それを可能にするいくつかの好条件もあった。まず、前述のように靖子は昭和二年三月に、女子学習院の本科前、中期の課程を切りよく終えていた。転校するには都合がよい。さらには虎之助自身が日本女子大の評議員をつとめていたから、いろいろと便宜をはかることが出来た。そして、古河家のある若宮町は省線飯田橋駅の近くだが、ここから目白の日本女子大までは市電やバスを利用すれば、青山の女子学習院に通うよりも近い。このようなことから、虎之助は靖子を自宅にひきとったついでに転校させようとしたのだろう。

ただ、いくら虎之助がそう思ったとしても、母の桜子や本人の靖子が消極的だったら、転校は多分、実現しなかったにちがいない。何度もいうように、女子学習院からの転校はきわめて異例のことだったし、靖子の長姉初子は同校本科を卒業、また次姉雅子はまだ在学していたのだから。

では、なぜ桜子が靖子の転校に賛成したかといえば、もちろん娘たちを父親のように可愛がってくれる虎之助のすすめだからということもあったろうが、同時に、靖子には他の娘たちとはやや異なった道を進ませたい、との気持ちがあったからではないか。

桜子が教育熱心な母親であり、自分自身も学校の成績が優秀だったことは前述した。息子たちを一般の進学校や、入学のむずかしい軍の学校に進ませた桜子には、おっとりした華族の娘ばかりの通う女子学習院は、娘たちを学ばせる場所としてはあきたらなかったはずだ。もちろん、当時のことだから、母親が男の子に期待するものと、女の子に期待するものはちがう。息子たちには大臣や大将への出世を望んだ桜子も、娘たちにはまず幸せな結婚を願ったことだろう。現に長女の初子も次女の雅子も、女子学習院を卒業して、十八歳で元大名家の華族や実業家のところに嫁いでいる（ただし末っ子の淵子は初めから女子学習院へは行かず、東京女子高等師範学校附属小学校から同高等師範学校に進んでいる）。

が、あえて推測するなら、桜子は三女の靖子に他の娘たちにはないものを見出していたのではないか。靖子は子供のころからおとなしい性格で、容貌も姉妹の中ではもっとも目立たなかったが、きわだって読書が好きで、鋭敏なところがあったという。桜子はそんな靖子に、姉妹たちとはすこし別の形での学校教育をさずけてやりたいと思ったのではないか。

女子学習院にも本科の上に二年制の高等科があった。しかし、そこに進学する生徒は全体の三分の一程度だった。女子学習院の目的は華族の良き妻を作ることだから、どうしても勉学一筋という雰囲気には乏しい。桜子は、そんなことも考えて、虎之助のすすめを受け入れたのだろう。

そして、多分、これが決定的だったのだが、当の靖子自身が、転校をたいへん喜んだのだ。ある近親者は、転校が決まったあと、靖子が実に嬉しそうな顔をしていたと回想している。

靖子はなぜ女子学習院から移ることを望んだのだろうか。いくつかのことが考えられるが、結局、靖子はものごころがつくにつれ、女子学習院の空気になじめなくなってきたのではないか。十代前半から退学になるほど社会主義思想に影響を受けるなどということはありえないにしても、十代の初めまでは熱心に教会にも通っていた。他の多くの華族の娘たちとはちがった精神が、靖子の中に徐々につちかわれてきたことは確かだろう。

靖子が自殺したのち、兄の具栄が知人にむかって、「靖子は、人夫などが汗水たらして働いてゐる姿を見て帰つては可哀さうだと涙ぐみ、同族や富豪の贅沢ぶりを見ては、どうして世の中には等差がひどいのかと思ひ沈む」と語ったという話が、昭和九年一月七日号の『サンデー毎日』にのっているが、そういう靖子には同族の娘たちばかりの女子学習院の生活は、あまり楽しいものではなかったはずだ。叔父虎之助のすすめは、靖子にとって「渡りに船」だったろう。

こうして、昭和二年九月、靖子は日本女子大附属高等女学校三年に編入学した。

## 目白の女子大

日本女子大は、明治三十四年、成瀬仁蔵によって東京目白に創立された。通称「目白の女子大」である。

明治二十九年に成瀬が書いた「設立趣意書」によると、彼は「女子を人として婦人として国民として教育する」ために女子大を開こうと志したという。成瀬は「我人は信ず。本邦女子の体力及び脳力は現行教育制度以上に教育せらるる資格余裕ある者にして、邦家の前途は亦実に高等教育ある女子を要するに切なることを」（趣意書）と訴え、靖子の祖父具定を含む時の有力者たちの間を精力的に駆け回って、開校にこぎつけたのである。

当時は女子高等師範学校以外には女子のための高等教育機関はなかったから、目白には全国から向学心に燃える若い女性たちが押し寄せた。

もっとも、靖子が転校したころには成瀬はすでに死んでおり（大正八年死去）、その掲げた理想もかなり形骸化していた。彼の存命中から、学内に硬直した「成瀬崇拝」の雰囲気が生じ、それが建学の理想を歪めていたことは、第三回入学生だった平塚らいてうの自伝『元始、女性は太陽であった』にも詳しいが、成瀬の死後、それにいっそう拍車がかかった。また、学問よりも修養を重んじる空気が徐々に濃くなっていったことも、心ある学生たちをいらだたせた。

とはいうものの、靖子にとって目白のキャンパスは、女子学習院よりもはるかに居心地がよかった。靖子が編入学した高等女学校は、大学の設立と同時に同じ敷地内に開校したが、教育の方法として「自動主義」を採り、生徒たちに自分で学習し研究し工夫するように奨励していた。

このような教育方針は靖子には合っていた。

岩倉一家は大正十二年七月、裏霞が関を離れ、東京市外の渋谷鉢山町（注・制度改革で現在の渋谷区が誕生するのは昭和七年十月一日である。それ以降は東京市渋谷区鉢山町となる）に引っ越していたが、靖子は若宮町の古河家に移ってからも、もちろんそこにやってきた。

そして母たちに転校先のことをさまざま話したが、その内容をうかがわせる、母や結婚が間近だった姉の雅子にあてた手紙が残っている。原文のまま引用しよう。

ママごきげんよう

此の頃はいつもお目にかゝりますけれど、ついでで一寸お手紙書きたくなりました。いつも御丈夫でいらつしやいますか。お姉様（注・の結婚）がもうぢきでお忙しいでせう。

私はもう春休みになったので嬉しくてたまりません。お休みには鉢山に行きたいと思つてをります。

今までの学期は、お点が、前より三十点ばかり上りました。わりに勉強したからだと思ひます。

来学期は、もつとお点を上る様にしようと思つてをります。

私の受持ちの、吉田先生は、やさしい好い先生でございます。お点が上つたと云ふことはこの先生にうかゞひました。それから、「どこの教会に行きますか」とお聞きになつたので、「内村先生の所へ行く」と云つたら、「日々の生活に取り入れられて行きますか」とおつしやいました。そして私が「はい」と云つたら、「それを組の中に持つて来てみんなに傳導なさい」つておつしやいました。きつと此の先生もクリスチヤンでせう。随分いい先生でございます。

岩倉母子とキリスト教については前述したが、この手紙からも洗礼こそ受けていなかったが、靖子も信仰に熱心だったことがよくわかる。そして女子大付属高女と女子学習院との様子の違いを靖子は雅子あての手紙でこう記す。

女子大（注・附属高女）の近情は、ほんとにのんきで、今週は勉強が五時間位しか無かつたのよ。（中略）それから木曜十五日には、五年の方の為に四年以下の人々が送別会をしたの。（中略）今度の送別会は音楽ばかりだつたのよ。そりや専門家の様によくは出来ないけれどわりと面白かつたわ。（中略）四年には声のいゝ方が澤山あるのよ。だけど全体としては声は学習院の方よりいいことね。遠慮なくうたふからでせうか。

送別会での歌は、その伴奏はみんなやつぱり同級生がひくのよ。そして先生は何にもなさらないの。私達のクラス会は随分面白くてすごかつてよ。学習院では見られない劇なんかしてよ。

靖子は新しいキャンパスでの生活を存分に楽しんでいたのである。いくら自分の妹の嫁ぎ先とはいえ、娘を手放す形となった母桜子の胸中が平静であったはずはないが、日本女子大へ転校させたことについては、靖子のためによかったと安心したことであろう。靖子は昭和五年四月、高等女学校を卒業して、大学の英文科に進学した。詳述は避けるが、当時の日本女子大は、各地の帝国大学や慶応義塾、早稲田などの私立大学とちがって、法律で認められた大学ではなかった。正式には大学校と名乗ったのもそのためである。東北帝大が大正二年、総長沢柳政太郎の英断で女子にも入学を認めて以来、全国のいくつかの大学が女子にも門戸をひらいたが、女子だけを教育する大学を国は認めなかったのである。

しかし、法的な裏付けの有無はともかく、目白のキャンパスでは数多くの若い女性たちが高等教育を受けていた。『日本女子大学英文学科七十年史』によると、英文科の一、二年生は可能なかぎりの英語力をつけるように、徹底的に指導されたという。テキストにはエマーソン、ブラウニングなどの原書がもちいられ、英国史、欧州近代史、米国史などの授業は外国人教師が英語でおこなった。なまじの男の大学生が受ける教育よりも、レベルが高かったのではないか。靖子も毎日、張り切って教室に通ったことだろう。

古河夫妻は昭和六年暮れに、今度は死んだ市太郎の兄従《じゅうじゅん》純を養子にする。それ以降は靖子たちが古河家に長く滞在することはなくなったが、高等女学校から大学二年の半ばにかけては、靖子はほとんど古河家から学校に通っていた。ときには渋谷鉢山町の岩倉家に帰ることもあったが、古河家が自宅のようなものだった。家庭の事情からやむをえないこととはいえ、多感な時期に母親のもとを長くはなれて暮らすのは少女には辛かったろう。しかし、靖子は、不幸な家庭生活の犠牲になった母への思いやりは口にしても、泣きごとを言うようなことはなかった。靖子もまた兄たち同様、健気で真面目な子供だったのである。

### 時代背景

靖子が大学に入った昭和五年四月、ロンドンで日本、イギリス、アメリカ、フランス、イタリア五カ国による海軍軍縮会議がひらかれ、軍縮条約（ロンドン条約）が締結された。若槻礼次郎元首相を首席全権とする日本代表団もこれに調印したが、海軍の長老、伏見宮博恭《ひろやす》王や東郷平八郎元帥をかついだ加藤寛治海軍軍令部長などは統帥権干犯を言いたてて執拗に反対した。野党政友会の犬養毅、鳩山一郎なども、党利党略のためにその尻馬に乗ったので、政界、軍部あげての大騒動に発展する。その結果、同年十一月には浜口雄幸《おさち》首相が、傷害事件で執行猶予中の右翼青年により狙撃されるにいたる。

この一連の動きは海軍の横暴ぶりを象徴するものだが、それより前、昭和三年六月には関東軍高級参謀河本大作大佐らが張作霖を爆殺し、大日本帝国の破滅にいたる陸軍の暴走がはじまっていた。

張作霖爆殺が関東軍幹部の仕業だと知った昭和天皇は激怒し、河本大佐らを厳罰に処せと、時の首相田中義一陸軍大将に強く示唆した。さらに、敗戦直後に天皇が五人の側近との会合の席で語ったところでは、天皇は言を左右して河本の処分をおこなおうとしない田中首相に対して、辞職するように要求しさえした（注・その会合に出席していた木下道雄侍従次長、寺崎英成宮内省御用掛の日記やメモにそのように記されている）。

また、天皇はロンドン軍縮条約調印にも積極的だったと伝えられている。昭和天皇はあきらかに戦争を避けたいと望む立場に立っていたのである。しかし、結局、昭和天皇は軍部の勝手な行動に有効な歯止めをかけることをせず、その結果、昭和期の軍部は日本の中の独立国といった様相を呈するようになってしまう。

まがりなりにも立憲君主制を定めた憲法があった戦前の日本で、天皇がどれだけ指導力を発揮すべきだったかを判断するのは簡単ではない。元老西園寺公望ら天皇側近の実力者たちが英国的な立憲君主のありかたを良しとし、天皇は政治に直接介入することを極力避けるべきだと考え、天皇自身もそれにほぼ賛成していたことは各種の資料に照らして確かである。そのような考え方は理念としてはおそらく正しかったのであろうが、それが結果的に戦前日本の支配機構の中に壮大な「無責任体系」を築きあげ、多くの不幸な出来事をひきおこしたことも否めない事実である。

さらにもうひとついえば、これは自明すぎるせいか案外指摘されないことだが、昭和初期の天皇はまだ二十歳代後半の青年君主である。いくら聡明であっても、君主としての強いカリスマを備えたり、危機に的確に対応する術を完全に身につけていることはのぞむべくもなかったであろう。軍部は結果的にそこにつけこんで横暴をきわめることになったのである。

さらに、このころ、日本は経済的にも大きな危機に見舞われていた。

日本は第一次世界大戦で特需景気を謳歌するが、大戦の終結とともに景気は後退し、大正九年ごろには恐慌的状況になる。それをやっと克服したところに襲ったのが関東大震災であった。地震の被害からの復興のためにとられた措置は信用インフレをひきおこし、昭和二年の金融恐慌につながる。このとき、第十五銀行も経営危機に陥り、岩倉家などの華族が大打撃を受けたことは前述した。

そして、昭和四年十月のニューヨーク株式市場大暴落に端を発した世界恐慌が、日本をも巻き込んだ。その結果、多くが輸出されていた生糸の価格が急落したのをはじめ、農産物価格は低迷し、農村は疲弊した。また、不況による工場閉鎖などで、都市には失業者があふれた。さらに浜口内閣の金解禁政策の失敗もあいまって、昭和五年から七年ころまで、日本経済はまさにダウン寸前だったのである。

このような社会情勢の中で、大正十一年七月の第一次共産党結成以来、絶え間無くつづけられてきた共産党に対する取り締まりは、昭和三年三月十五日の大検挙以来、ますます厳しくなる。そして、同年六月二十九日には緊急勅令で罰則として死刑を追加する治安維持法の改正が公布され、翌年四月十六日には再び多くの党員、シンパが検挙された。日本共産党はこれで壊滅的打撃を受けたかに見えたが、検挙をまぬがれた田中清玄らは「武装方針」を掲げ、いっそう過激な闘争に走った。

田中らのやり方への賛否は別にしても、恐慌に見舞われたことを、日本資本主義が断末魔の状態に入ったのだと考える知識人たちも多く、暗い世相の中でひそかに共産党へ共感を寄せる学生やサラリーマンも増えていったのである。

明治維新から六十年、日露戦争からも四分の一世紀がたち、日本は「列強」に名をつらね、表面的には「経済大国」「軍事大国」として隆盛をきわめていたが、国内のあらゆる場所で、このようにキナくさい匂いが漂っていたのだ。

## 社会主義運動の芽

日本女子大の目白のキャンパスは文字通り「女の園」だったが、こうした時代の動きから無縁でいられるわけがなかった。そこにも、世の中を変えようと志す若い女性がいつしかあらわれてきた。

日本女子大に社会主義運動がひそかに芽吹いたのは、靖子が編入学する少し前、大正末から昭和初年にかけてのころだった。種をまいたのは、大正十二年四月に社会学部に入学した寺尾としたちである。

寺尾の自伝『伝説の時代』によって、そのあたりの経緯を簡単に見よう。

愛媛県の女学校を卒業し小学校の代用教員をしていた寺尾は元同僚の清家敏住と結婚、当時夫が早稲田大学で学んでいたため上京し、自分も日本女子大に入った。入学後一、二年して、寺尾は同級生の西村桜東洋《おとよ》、一級上の朝鮮からの留学生、李賢郷、黄信徳、朴順天と「赤友会」を作った。そのころ、全国的に学生運動の左傾化がすすみ、各大学に社会科学研究会（社研）が組織されていたが、寺尾たちもそれに刺激され、日本女子大の封建的な制度の改革をめざして、この会を作ったのである。もちろん、大学当局に知れればすぐに退学になってしまうから、会合はひそかにおこなわれ、『資本論入門』などを読んだ。

「赤友会」は李たちの卒業などが原因で自然消滅してしまうが、寺尾と西村は今度は以前から学内にあった「係」という制度を利用することにした。「係」には「研究係」「修養係」「趣味係」「園芸係」「体育係」があり、学生はどれかに所属することになっていた。そして、社会学部の「研究係」に属するものは、宗教問題か婦人問題を研究し、その成果を発表しなければならなかったが、実際にはこの決まりは有名無実化していた。寺尾たちは同志をあつめるためにこれを活性化することを企て、婦人問題の研究会を開いた。大正十四年春のことである。

第一回目は「ベーベルの婦人論」をテーマに、寺尾が研究発表をすることにした。果たして何人集まるか不安だった寺尾たちには嬉しい誤算だったが、九人の社会学部の学生がやってきた。それ以後も会合は定期的に開かれ、詩人でマルクス主義の青年理論家として知られた浅野晃や、東大助教授でのちに「講座派」の中心的人物の一人として活躍する山田盛太郎らを講師として招いて、『資本論』や唯物史観について話してもらった。

秋になると、すでに活発な活動をおこなっていた東京女子大学校の社研が連絡をつけてきた。また、東大の左翼学生の集まりである新人会からチューターが派遣され、『空想から科学へ』『共産党宣言』『国家と革命』などのマルクス主義の初歩的文献を読んだ。さらに、大正十五年秋からは、全国各大学社研の連合組織である学生社会科学連合会(学連)が、正式に寺尾らの研究会を指導することになった。新人会や学連は一応は合法的なものであり、共産党の正式な下部組織でもないが、大正十四年十二月に京大の社研が手入れを受けた(京都学連事件)ことでもわかるように、官憲からは厳しく監視されていた。したがって、日本女子大に非合法の左翼運動が本格化したのはこのときからだといえるだろう。

昭和二年三月末、東京・日本両女子大を中心にして、女子学生社会科学連合会(女子学連)が結成されたが、寺尾はそれと前後して日本女子大を卒業する。そして、そのころ一世を風靡していた福本イズムの「結合の前の分離論」に影響された学連指導部の指示で、母校の社研との関係をいっさい絶つことになる。そのため、『伝説の時代』からそれ以後の目白のキャンパス内での左翼運動の様子を知ることはできないが、彼女たちが作り出した流れが細々とではあるが着実につづいていたことは、昭和の初期に師範家政学部に在学していた沢村貞子の自伝『貝のうた』などからも、うかがえる。

靖子はこのような時期に女子学習院から日本女子大に転校し、高等女学校から大学へと進んだのである。後述するように、靖子が日本女子大の中で社会主義運動にくわわっていた可能性はとぼしい。寺尾らの作った流れには属していなかったようだ。しかし、かすかではあれキャンパスの中にただよう左翼的な空気を、靖子はかならず感じとったにちがいない。そしてそれは女子学習院には決して存在しないものであった。

# 第三章　華族の子弟たちと日本共産党

## 昭和初期の日本共産党

ここでしばらく靖子のことから離れ、結党から昭和初期までの日本共産党について概観しておこう。

日本共産党史をテーマにした書物は枚挙にいとまがないが、通史的なものでもっとも参考になるのは立花隆の『日本共産党の研究』である。この研究は雑誌『文藝春秋』に連載されていたときに共産党の悪罵ともいえる批判にさらされたため、立花の筆にもやや感情的な部分があり、また共産党と特高の抗争史に力点を置きすぎたきらいもあるが、徹底的な取材と優れた分析力で類書の中では群を抜いたものになっている。やはり党派性にとらわれない共産党史の叙述は、この本を基礎とすべきだろう。以下の記述も同書に多くを負い、適宜、ほかの関係者の回想記などを参考にした。

日本共産党が結成されたのは、大正十一年七月十五日である。中心になったのは堺利彦（委員長）、山川均、荒畑寒村、徳田球一らであった。もちろん非合法であり、結党も秘密裡におこなわれたのだが、まがりなりにも日本に共産党が誕生したのである。これを第一次共産党と呼ぶ。しかし、政府はすぐに弾圧に乗り出し、翌十二年六月五日、堺をはじめとする幹部ら百人余りを検挙する（第一次共産党事件）。この結果、十三年二月、第一次共産党は結党以来一年半で解党に追いこまれる。

それから約二年後の大正十五年十二月四日、党再建のための大会が山形県五色温泉で開かれた。大会といっても公然とおこなえるわけはなく、中小企業の忘年会という体裁で十七人の党員が集まった。この結果うまれたのが第二次共産党である。佐野文夫が委員長となり、徳田球一、佐野学、福本和夫、鍋山貞親らが中央委員に選ばれたが、彼らの多くはインテリ出身だった。

再建当時の共産党を理論的に牛耳っていたのは、福本が唱えた所謂「福本イズム」である。福本は松江高校、山口高商教授などをつとめた学者だったが、ヨーロッパへの留学経験と卓抜な語学力を武器に、マルクス、レーニンの原典からの引用だらけの晦渋な論文をつぎつぎに発表し、あっという間にマルクス主義陣営の理論的指導者にのしあがった。

福本は党の理論的純化を主張し、まず徹底的な理論闘争をおこなって、意識の低い分子を「分離」したのちに「結合」しなおすべきだという「分離・結合」論をかかげた。インテリの党員やシンパたちはこれを熱狂的にうけいれ、福本のことを「日本のマルクス」「日本のレーニン」などと賛美したが、福本イズムは登場したときと同様に、短期間のうちに消えていった。昭和二年七月、モスクワのコミンテルンが日本共産党指導部をつぎつぎに呼びつけ、福本イズムを完全に否定したからである。

コミンテルンはそれとともに日本共産党の運動方針、人事に全面的に介入し、「日本問題に関するテーゼ」（二七年テーゼ）と、渡辺政之輔を委員長とする労働者中心の新指導部人事を押しつけた。

当時、委員長は佐野から徳田に代わっていた。五色温泉の会議には獄中にいたため欠席した徳田は、自分に相談なく党が再建されたことに激怒し、出獄後、委員長の座を奪い取ったのである。しかし、かれも福本もコミンテルンに対してはからきし意気地がなく、簡単に屈伏して新方針と新人事を受け入れた。

翌昭和三年二月には、日本初の普通選挙が実施された。共産党はその運動にまぎれて勢力を拡張しようと図るが、三月十五日、政府は大弾圧に踏み切る。これが有名な「三・一五事件」である。

警視庁などは早くから共産党内部にスパイをもぐりこませ、五色温泉での再建党大会のときから着々と情報を蒐集していた。そして一網打尽の機会をじっとうかがっていたのだが、三月十五日午前五時を期して全国で一斉検挙をおこない、その日一日で千五百余名をつかまえたのだ。その内訳は三分の一弱が党員、残りがシンパである。

この日、幹部クラスの多くは検挙をまぬがれたが、暗号党員名簿が押収されたため、彼らもつぎつぎに当局の手に落ち、台湾まで逃れた委員長の渡辺も追い詰められてピストル自殺をとげる。

それでも市川正一、鍋山ら少数の幹部は検挙されず、組織の建て直しに奔走するが、昭和四年四月十六日、ふたたび大弾圧がおこなわれ、七百名余りが検挙された（「四・一六事件」）。市川、鍋山らは当日はなんとか当局がめぐらした網から逃げきるが、ほどなく捕らわれ、モスクワでコミンテルンの執行委員として活動していた佐野学も、帰国の途中、上海で検挙される。これで第二次共産党は壊滅した。

しかし、官憲と共産党のイタチごっこはまだ続く。「三・一五」でも「四・一六」でも無事だった下級幹部たちは、すぐに党再建にむけて動きだすのである。中心となったのは、のちに民族派の大物になった田中清玄、佐野学の甥の佐野博らである。七月には田中を委員長とする暫定指導部がつくられた。

田中たちは翌五年二月に予定されている総選挙を党勢拡大に利用することとし、公然と大衆の前に姿をあらわすことにした。もちろん、共産党が合法化されたわけではない。それどころか、「三・一五」をきっかけに治安維持法が改定され、罰則として死刑が追加されたり、「目的遂行罪」が新設されたりしている。公然活動をすれば弾圧を受けるのは火を見るより明らかである。そのため、田中は武装しながら活動するという方針を採った。この時期の共産党が「武装共産党」と呼ばれる所以である。

しかし、お互いに武装してわたりあえば共産党は警察にかないっこない。田中たちはピストルやナイフなどを使用して多くの警官を負傷させたりしたが、それは一層はげしい弾圧をまねいただけだった。委員長の田中も五年七月十五日に検挙され、「武装共産党」は完全に息の根を止められた。

が、それでも共産党は活動をやめない。「武装共産党」が壊滅してから半年ほどたった六年一月、今度はモスクワのクートベ（東洋勤労者共産大学）から帰った風間丈吉を中心に新指導部がつくられる。所謂「新生共産党」である。あるいは、「非常時共産党」とも呼ばれるが、これはその活動期と時を同じくして、陸軍などが「非常時」と呼号しはじめたからに他ならない（以下、便宜上「非常時共産党」と呼ぶ）。

## 非常時共産党

非常時共産党の特徴を整理すると以下の三点があげられる。

まず、恵まれた階層出身のインテリや学生の間に、広いシンパ網をめぐらしたことである。つぎに、資金量が豊かだったことである。そして最後はスパイにその中枢を完全ににぎられていたことである。

最後の点はあとで述べるとして、前の二点はお互いに関連している。度重なる弾圧ですっかり足腰が弱っていた共産党が、多くのシンパ（支持者）を獲得できたり、豊富な資金に恵まれたことは一見不思議だが、要するに時代の空気に敏感なインテリや学生たちが共産党の周囲に集まり、党もそれを無原則に受け入れた結果である。

この時期、共産党に近づいたインテリでもっとも有名なのは河上肇であろう。京都帝大で経済学を講じていた河上は、マルクス主義に関する啓蒙的な著述などを通じて多くの若者をひきつけていたが、みずからも書斎を出て実際の運動に身を投じる決意をしたのである。この間のいきさつは河上の『自叙伝』に詳しい。そこからうかがえる河上の決意は悲壮だが、昭和七年九月に正式入党してからの彼は隠れ家を転々とするだけで、実質的な活動はなにもしないうちに翌年一月には検挙されてしまう。結局、河上がおこなったのは多額のカンパ（献金）だけだった。

『自叙伝』によれば、河上は入党する前から、「三文でも余裕があったら、それは決して他の方面に向けず、総て党の資金局に寄付するようにとの、強い申し入れを党から受けていた」。月々に決まった額をカンパするだけでなく、臨時に千円、二千円といった寄付を要請されることもしばしばだったという。河上は著作の印税収入などが多いうえに生活も質素だったからこれにも応えられたのだが、たとえば当時の小学校教員の初任給が四十五円から五十五円程度だったことを思えば、共産党の要求の苛烈さがわかろう。そして、河上は入党直後、実に一万五千円の金を党に納めるのである。

もちろん河上は使命感に燃えて多額のカンパをしたのだろうが、客観的に見れば彼は共産党の「いい金づる」だったわけである。そして、カンパした金額の大小はともかくとして、多くのインテリや学生のシンパは共産党にとって河上と同じ存在であった。

かれらがカンパに応じていた様子は、たとえば西村勝一の回想録『私暦をひらく』を読むとよく分かる。西村は旧姓を久喜といい、当局によって、すぐ後に述べる「大森銀行ギャング事件」の「主犯」にでっち上げられた人物だが、秩父の裕福な織物業者の家に生まれ早稲田大学に学んでいた。そして、友人、肉親たちから少しずつ金を集め、昭和六年ごろには月に二百円くらいを共産党に入れていたという。西村はともかく金を出していた人々は、党の熱烈な支持者というわけではなかった。簡単にいえば、非常時共産党の指導部は、ほとんどがブルジョア、プチブルジョア階級出身であるインテリや学生たちの「コンプレックス」につけこんで、せっせと金をかき集めていたのである。

しかし、このように金集めを主たる目的にし、ルーズに広がったシンパ（カンパ）網は、当然もろいものである。警察が昭和七年初めごろから本格的な取り締まりに乗り出すと、あっという間に崩壊してしまった。そして、このころにはモスクワからの資金援助などもほとんどなくなっていたから、共産党の財政はすぐに逼迫した。困った幹部たちは、非合法で荒っぽい手段に走らざるをえなくなった。金持ちの家庭の子女をそそのかして親の金や株券を持ち出させたり、銀行員に勤務先の金を持ち逃げさせたりしたのだが、その行き着いた果てが「大森銀行ギャング事件」である。

この事件は昭和七年十月六日に起きた。河上肇の義弟大塚有章《ゆうしょう》ほか数人の共産党員が、ピストルをかまえて東京大森にある川崎第百銀行の支店に押し入ったのである。襲撃は成功し、大塚らは三万千余円を強奪したが、それから数日の間に、犯行にくわわった一味は検挙されてしまう。まるで西部劇のような銀行強盗事件は、こうして短時間のうちに幕となったのだが、実はこのころの共産党の資金集めをはじめとする活動は、すべてが西部劇ならぬ茶番劇だったのである。

## スパイM

その茶番劇を演出していたのが、日本共産党史に興味のあるものなら誰でもが知っている松村こと「スパイM」だった。

Mの存在については、松本清張が『昭和史発掘』で初めて世間に広くしらしめたが、その後、小林峻一、鈴木隆一の『日本共産党スパイM』という詳細な取材にもとづいたノンフィクションが出た。

それによると、本名を飯塚盈延《みつのぶ》というこの男は、大正末期に共産党に入党し、クートベにも留学したが、いつしか当局のスパイとなった。そして度々の弾圧で幹部たちがつぎつぎに検挙されるのをよそに党内で出世し、非常時共産党では委員長の風間につぐ地位についた。

当時、共産党では資金やアジトの調達をする部門を技術部（注・テクと略称。のちには家屋資金局）と称したが、Mはそこをがっちりと掌握していた。風間の回想録『非常時』共産党』や、風間夫人の児玉静子が『運動史研究』第一号の座談会「『非常時』共産党の思い出」で述べているところによれば、テクに関しては委員長の風間もほとんどタッチできなかったようだ。なんとも不思議な話だが、非合法組織にとって資金とアジトは文字通り生命線だから、非常時共産党はMによって完全に牛耳られていたといえる。

当然、党にカンパをしたり会合場所を提供したりしていたシンパたちのことも、Mがその気になればすべて警察に筒抜けであった。また、非合法の資金集めも彼の指示でおこなわれた。何も知らない一般の党員やシンパたちは、権力の掌の上で悲喜劇を演じていたのである。

第百銀行襲撃もMの指令でおこなわれた。もっとも、Mはそのことを事前に当局に教えなかったらしい。このあたりはスパイと権力の虚々実々の駆け引きがうかがえて興味深いが、それはともかくとして、Mは結局、非常時共産党を崩壊させる。銀行襲撃からすぐの十月三十日、Mは熱海に党の地方幹部たちを招集して当局に一斉検挙させる（所謂「熱海事件」）一方、風間ら中央指導部のメンバーもつぎつぎに売りわたすのである。

こうして、昭和七年末ごろまでに、非常時共産党は壊滅してしまう。このあとも宮本顕治ら少数の幹部を中心に共産党の活動は細々と続くが、もはや党としての体はほとんどなしていなかった。Mは戦前の日本共産党に実質的な引導をわたしたのだ。

そして、Mは歴史の闇の中に隠れる。彼がスパイとして果たした役割は、松本清張が暴くまでまったく世間に知られることはなかったし、その正体も小林や鈴木らの努力でかなりの部分があきらかになったとはいえ、まだわからないことも多い。しかしいずれにしろ、靖子が接近していった時期の共産党が組織として救いがたいものになっていたということを、Mの存在は如実にあらわしている。

## 目白会とザーリア

以上が戦前の日本共産党の結党から事実上の壊滅までの簡単な歴史だが、話が進みすぎたので、非常時共産党がインテリや学生の間にシンパ網を積極的かつ無原則にはりめぐらした、というところまで戻ろう。

ここで靖子との関連で述べなければならないのは「目白会」のことである。

この会は学習院高等科から東京帝大に進んだ若者たちによって作られた。名称は高等科の所在地（東京目白）からとったにちがいない。結成の時期などはあきらかでないが、昭和四、五年以前にさかのぼることはないと思われる。いま残っている昭和六年の名簿は警察が写したものだが、そこには八十五名の会員名が載っている。そのうち卒業生は四名、あとは法、経、文、理、工、医、農の各学部在校生である。

当時の大学では出身高等学校が同じ学生の結束が固く、親睦組織が各高校別にあったが、それは左翼運動のオルグのためにも利用された。「目白会」においても事情は同じであった。もともとは親睦を目的とするこの会を、何人かのメンバーは共産党のシンパ組織にしようと図ったのである。

警察当局が昭和七年初めごろから、共産党に資金やアジトを提供しているシンパたちの取り締まりに本腰をいれだしたことは前にも述べたが、「目白会」についてもひそかに内偵がすすめられていた。上述の名簿の写しには「極秘」の印が押されているが、それとともに一部の会員の名前の上に〇と✓のチェックがしてある。そして欄外には「〇ハ犯罪ノ嫌疑十分」「✓ハ要注意」との書き込みがある。

「犯罪ノ嫌疑十分（注・もちろん治安維持法違反の嫌疑）」とされたのは十八人で、その名前はつぎのとおりである（ちなみに「要注意」は七名）。

横田雄俊《たけとし》、八条隆孟《たかなが》（以上法学部在学中）、小谷善高、益満行雄、栗沢一男、菅豁太、信夫満二郎（以上法学部卒業）、隈元淳、副島種義、森俊守、豊沢通明、井染寿夫、山口定男、田口一男、山田駿一（以上経済学部在学中）、小倉公宗《おぐらきんむね》、森昌也、永島永一郎（以上文学部在学中）。

関係者の話や当時の資料などから判断すると、これらの中でもとくに熱心に活動していたのは、横田、八条、森（俊）、小谷、菅、森（昌）らだったようだ。このうちの何人かは共産党に入党していた。

ただ、「目白会」自体がシンパ組織として動いていたわけではないようで、活動的メンバーと共産党とのかかわりの度合いもいろいろだった。熱海事件のときにピケ役をつとめ、ピストルを警官隊めがけて発射した小谷や、市ヶ谷の士官学校そばの自宅を秘密の会合場所に提供していた森（昌）は、むしろ学習院人脈の外で活発にやっていたのだろう。学習院関係者に積極的に働きかけたのは、八条や横田、菅などだった。

とくに八条隆孟は学習院の後輩のオルグに熱心だった。彼は堂上華族の八条隆正子爵（当時・貴族院議員）の次男で（注・河上肇の『自叙伝』には八条子爵とあるが、隆孟は華族ではあっても爵位はなかった)、大学卒業後、日本興業銀行につとめていたが、学習院高等科の後輩たちの間に、そのころの左翼用語でRSといったマルクス主義の文献を読む読書会を組織したりした。八条は高等科在学中から成績優秀で周囲の人望も厚かったから、このような仕事にはうってつけだった。

当時高等科の学生でRSのメンバーだったある人物によると、会合は目白の学習院の構内でひらかれたので、警察の目などはまったく気にしなかったという。そもそも当初は八条などがチューターになって、岩波文庫のマルクスの著作の伏せ字をおこしながら議論していく程度だったから、学生たちの間にも非合法活動をおこなっているという意識は薄かったのだろう。しかし、RSのメンバーたちはいつの間にか共産党への資金カンパにも応じるようになり、「無産者新聞」などの左翼文書の配付にもたずさわりだす。八条らの目論見は一応成功したのである。

張り切った八条たちは、このシンパ網を「ザーリア」と名付けた。ロシア革命時に革命側にいち早く加わったロシア海軍の軍艦の名前で「暁の光」の意味である(注・ロシア語の発音は正しくはザリャーに近いらしいが、以下、当時の新聞などにしたがってザーリアと記す)。いかにも華々しくまた秘密めかした名称であり、のちに八条らが検挙されたとき、一部の新聞は「ザーリアは突撃部隊」などと書きたてた。それこそ銀行ギャングでもやりかねないかのようだが、しかしそれは明らかに「過大評価」というものだった。

カンパといっても実際には小遣い銭の範囲内のささやかなものだったし、メンバーの決意も非常に固いとは言い難かった。その証拠に「ザーリア」の若者たちのほとんどは、いったん検挙されるや、あっと言う間に「改悛」の情を明らかにしてしまうのである。「突撃部隊」どころの話ではない。

## 左翼運動の中の華族たち

しかしそれにしても、所もあろうに戦前の学習院の中に、貧弱なものとはいえ共産党を支持する学生たちの組織があったことを、意外に思う人も多いのではなかろうか。だが、戦前の華族社会と左翼運動はまるっきり無縁だったわけではない。八条や「ザーリア」の若者たちの先達も何人かおり、世間ではかれらを「赤化華族」といった。八条たちも新聞などではその名で呼ばれた。

たとえば「新人会」にも数名の華族が加入していた。この会は周知のように大正七年に東京帝大で誕生した学生運動の団体である。当初は理想主義、人道主義的色彩も強く、マルクス主義一本槍の団体ではなかったが、共産党の活動が活発になるにつれ、それとの関わりも緊密になっていった。いずれにしろメンバーの思想傾向は、大学当局や警察の歓迎しない反体制的なものだった。

ヘンリー・スミス『新人会の研究』にはスミスと石堂清倫が共同で作った会員名簿があるが、それによれば「新人会」に参加した華族は山名義鶴、大河内信威、黒田孝雄の三人である。

山名は足利時代の名族の末裔でのちに男爵を継いだ。また黒田は大正天皇が皇太子のときの侍従武官長もつとめた久孝（男爵）の孫だが、父の死後も襲爵の手続きをしなかったため、昭和四年、華族の身分を失った。

この二人は無名だが、大河内の名は知る人もいるのではないか。彼は旧豊橋藩主の家の嫡男として生まれた。父正敏（子爵）は東京帝大教授で、のちに理化学研究所（理研）の所長として、原子物理学の仁科芳雄を初めとする多くの科学者にめぐまれた研究環境を与えたことで有名である。信威は学習院から東京帝大経済学部に進み「新人会」に加わったが、おそらく卒業後、共産党に入党し、党の外郭組織である国際文化研究所の書記長や、プロレタリア科学研究所（プロ科）の指導的メンバーの一人として活躍した。党員としての名前を小川信一という。そのため昭和五年に検挙され、大河内家からも絶縁され華族の身分を離れる。戦後は磯野信威（風船子）の名で、陶器の研究者として著名となった。

スミスの本の名簿に掲載されている「新人会」会員数は三百六十二名である。その中で三名というのはいかにも少ないかもしれないが、彼らのような華族の青年がいたということは記憶にとどめておくべき事実ではあろう。

また「新人会」会員ではないが、左翼運動との関連で大河内たち以上に世間を驚かせた華族は石田英一郎である。のちに日本の文化人類学の泰斗となる石田は、元老院議官や各県知事を歴任し、その功で男爵となった石田英吉の孫である。一高から京都帝大経済学部に進み、労働者街のセツルメント活動などにも参加していたが、大正十五年一月、治安維持法適用第一号として知られる「京都学連事件」で検挙、投獄される。父八弥はすでに死去していたから、石田は男爵家の当主だったが、検挙後、爵位を返上する。石田は共産党にも失望して実践運動から離れ、オーストリアに留学して文化人類学の研究に没頭するが、権力の望む形での「転向」は、とうとうしなかったといわれる。

さらに、行動の派手さからいえば、築地小劇場を創設した土方与志の名も落とすことはできない。伯爵だった土方は莫大な私財を投じて、日本の新劇を育てる。そして日本プロレタリア劇場同盟にかかわる一方、妻梅子や息子敬太を連れてひそかにソ連に渡り、小林多喜二の虐殺について演説したりしたため、昭和九年、爵位を剝奪されるという空前絶後の処分を受ける。

## 華族と日本共産党

このように八条たち以外にも、左翼運動と関係を持った華族は何人かいた。その事実は無視してはならないが、「新人会」に加わっていた大河内たちにしろ石田や土方にしろ、華族仲間に積極的にはたらきかけたりはしなかった。しかし、八条らははっきりと学習院など華族社会内部を活動の場とし、華族の青年たちを組織したのである。その点でやはり画期的だったというべきだろう。八条らが「ザーリア」と名乗るほど勇みたったのもわからないではない。

「ザーリア」のメンバーだったある人物によると、共産党側で八条らの指導にあたったのは、後年、著名な編集者となる美作《みまさか》太郎だった。美作の回想記『戦前戦中を歩む』にも、そのことに触れた簡単な記述がある。前出の西村勝一『私暦をひらく』には、非常時共産党の家屋資金局の組織図が載っているが、美作は資金部の下の組織部C班の責任者となっている。八条らはこのC班の下に連なっていたのだろう。

八条らの実際の活動は、その意気ごみほどには成果をあげなかった。カンパ出来た金も数百円程度のささやかなものであり、シンパ網に連なっていた華族の若者たちのほとんどが、検挙されるとすぐに「改悛」の情を示してしまったのは前述のとおりである。しかし、岩倉靖子をふくむ一部の例外を除いて、当時の共産党シンパは多かれ少なかれ同じだった。だからそれだけを見て、彼らの活動がいい加減なものだったと決めつけることはできない。

ただ、ここに当然一つの疑問が生じる。彼らは自分たちの身分と、共産党の掲げる「天皇制打倒」という主張との間に、どのように折り合いをつけたのだろうかという疑問である。

もちろん人は自分で階級を選んで生まれてくるわけではない。八条たちも華族の家に生まれようと思って生まれたわけではない。だから、かれらが共産党の運動に参加してはいけないという理由は一つもない。しかし、これはあくまでも理屈である。自分や親兄弟、親戚が属する階級を否定する運動に加わるときに、心理的葛藤が生じないとすればむしろ不自然というものだろう。

八条の父隆正子爵は貴族院議員だった。また「目白会」会員で八条と同じように検挙、起訴された森俊守の父俊成子爵は、やはり貴族院議員であり東京市会議長でもあった（注・当時は国会と地方議会議員の兼職が認められていた）。さらに父が天皇の侍従だったり、母が皇太后付きの女官をしている「赤化華族」もいた。かれらの親戚筋までたどれば、政、官、財界、宮中の大物や高級軍人などは枚挙にいとまがなかった。

こうした環境の中で生じる心理的葛藤を、八条たちはどのように克服したのか。この疑問に答えてくれる文章などは残念ながら残っていない。何人かの現存の当事者にもたずねてみたが、いろいろの理由で納得のいく回答は得られなかった。ただ、東京地裁における八条の公判の陪席判事だった武藤富男（注・のち満州国司法部刑事科長。戦後は、明治学院名誉院長など）は、共産党のためにはたらいた理由をきかれた八条が、「学習院で恩を受けた先生が退職後、生活苦にあえいでいる。こういう不公平な世の中を変えることができるのは共産党しかないと思った」という趣旨の陳述をしたのを覚えている。素朴なヒューマニズムと正義感が八条を駆り立てたことをうかがわせる証言である。が、それだけだったのだろうか。ヒューマニズムと正義感以外に八条たちを動かした動機はなかったのか。

## 革命家のツラ

特権階級の若者が社会の不合理を憤り、世の中を変えようといろいろの形で行動するのは珍しいことではない。たとえば「白樺派」の若者たちもそうだったし、有馬頼寧はトルストイの思想に傾倒し被差別部落解放運動などに参加した。少し時代をさかのぼれば、西園寺公望はフランス留学中にパリ・コミューンに出くわして感動し、帰国後、自由民権を主張する『東洋自由新聞』の社長となったのである。かれらもヒューマニズムと正義感でいっぱいだったことだろう。

しかし、華族が天皇制打倒をめざす非合法運動に加わるということになると、やはり正義感やヒューマニズムだけでは説明ができない。有馬頼寧は『七十年の回想』で、自分が社会運動に投じた動機として、日本の社会を改革しなければ結局皇室が危なくなると思ったことをあげているが、ここからは逆立ちしても共産党シンパになるという発想は出てこない。やはり八条たちには、正義感やヒューマニズムにプラスするアルファがあったのではないか。

学習院出身で八条らと同じころに共産党員として活動していた黒川信雄について、警視庁特高の警部補だった宮下弘はこんなことを言っている。

「労働者は、天皇制廃止なんてどうでもいい、それを掲げて弾圧されるのなら、そんなものはあるだけ邪魔じゃないか、俺たちに用のないものを掲げることはない、ということだったんでしょう。（中略）しかし、インテリ出身の党員たちは、天皇制廃止に反撥したり反対したりするようなことはなかった。（黒川は）学習院高等科から東京帝大へ入って、共青（注・日本共産青年同盟）の技術部長をしていたんだが、書かせた手記の『思想変遷の経緯』というところで、学習院で皇族に接し、皇族というものは不要だと感じた、そのため天皇制廃止を掲げる共産党が正しいと確信した、といっているんですね」（『特高の回想』）

黒川はある財閥系大企業社長を父に持っていたが華族ではない。堂上華族の八条も黒川とおなじように考えたと安易に断定することはできないかもしれないが、天皇あるいは天皇制に近いところにいるほど、それに疑問を持つということはきわめて自然なこととも いえる。「理論」ではなく「心情」の問題である。

戦前期の昭和には現在よりもはるかに多くの宮家があり（注・敗戦のときに十四家）、皇族もたくさんいた。血統的には昭和天皇とほとんど関係のないものもあったが、いずれも華族以上の特権を享受していた。そして、素行が悪かったり、出来がよくない皇族もいないわけではなかった。黒川信雄が接したという皇族がだれかは別にして、学習院の若者たちの中にそれを憤るものがいても不思議ではない。

また、公家社会最高の家格である「摂家」出身の近衛文麿は、政務関係の上奏などのために昭和天皇の前に出たときでも、平気で足を組んだまま話をしたというが、華族たちが「個人としての天皇」を平民たちのようには重んじなかったことをあらわす挿話は、他にも数多い。一例だが、西園寺公望の嫡孫にあたる公一は回想記『貴族の退場』の中で、祖父の秘書の原田熊雄男爵が昭和天皇のことを示すのに「これ」と言って親指を出したことを記している。戦前、普通の市民がこんなことをやったら、周囲のひんしゅくを買ったことはまちがいないが、華族の社会では問題にもならなかったのであろう。

学習院に学んだ八条ら「赤化華族」にとって、天皇や皇族は心情的(あるいは距離的)に近い存在だった。近いからこそ、天皇制を批判しその「打倒」を訴えることに心理的葛藤があっただろうが、それと逆に、近いがゆえに軽い心理的抵抗しか感じなかったという面もあったのではなかろうか。まったく矛盾した心の動きだが、時代の波の中で、後者が前者をいつしかしのいでいったと考えたい。

もちろん、こういう心の動きがあったとしても、それは深い理論的省察に支えられたものではなかっただろう。青年客気、あるいは一時の気の迷いだったかもしれない。何度も繰り返すように「赤化華族」のほとんどが、検挙されるとすぐに権力に屈してしまったのは、その証拠だとも言える。

だから、それを嗤ったり批判したりすることは簡単である。現に当時、この点をとらえた「嘲り」とでもいうべきものもあった。たとえば東京地裁での森俊守の公判の様子を書いた『東京朝日』(昭和九年一月十九日付)は、わざわざ「資本論は分かりませんでした」という見出しをたてている。愚かな「若様」が分かりもしないくせに、とでも言わんばかりだ。この記事は特別ではない。当時の「赤化華族」のことを扱った新聞には、この手の表現がいくらでも見られる。

また、警視庁特高課の野中満警部補というのは、戦前の思想運動弾圧史にひんぱんに登場する警察官だが、かれは検挙した「ザーリア」のメンバーの一人を、「お前の顔は革命家のツラじゃないよ」と嘲笑したという。

第一線の特高警官たちは、特権階級出身で左翼運動に加わった青年たちに反感を持っていた。特高警官の多くは非特権階級の出だし、後述するように「起訴留保処分」が特権階級出身者に有利に適用されたことをみれば、それも無理からぬことともいえた。要するに「お坊ちゃんたちの火遊び」をかれらは苦々しく思い、馬鹿にしきっていたのである。

この他にも同種のエピソードはいくつもあるが、嗤う人間、嗤われる人間、そのどちらもが歴史の中で生きていたわけだから、これ以上とやかく述べても意味はあるまい。要するに八条たち「赤化華族」はルビコンを越えたのである。かれらについては、そのことだけを指摘すれば十分ではなかろうか。

しかし、問題を八条たちと反対の方向、つまり共産党の側からながめれば話はちがってくる。つぎに考えなければならないのはそのことである。

## 日本共産党と天皇制

華族の若者たちがシンパ網に加わってくることを、共産党は一体どのように考えていたのだろうか。「赤化華族」は正義感にかられただけの純情な青年たちだったかもしれないが、共産党は体系的な主義主張を持った政治組織、革命組織のはずである。それについて、きちんとした理論的あるいは政治的判断があってもおかしくはない。

日本共産党は結党以来、「天皇制打倒」を基本的なスローガンとして明示していた。天皇制（君主制）の理論的意味づけが、コミンテルンのテーゼが変わるたびに微妙に変化したのは周知の通りだが、天皇制をあくまでも打倒の対象としていたことは一貫した方針だった。

だからこそ、「国体（若ハ政体）ヲ変革シ又ハ私有財産制度ヲ否認スルコトヲ目的トシテ結社ヲ組織シ又ハ情ヲ知リテ之ニ加入シタル者ハ十年以下ノ懲役又ハ禁錮ニ処ス」と第一条に規定している治安維持法による取り締まりの対象となったのである（注・正確にいえば第一次共産党結党時には治安維持法はなかったので、治安警察法の「秘密結社禁止」の条項に引っかかった）。

そして、たとえばコミンテルンが作成して日本共産党も受け入れた「日本共産党綱領草案」（一九二二年）で、「政治的分野における要求」として「貴族院廃止」を「天皇制の廃止」のつぎにあげていることからもわかるように、華族制度を天皇制をささえる重要な要素としてとらえていた。また、昭和八年三月中旬に中央委員会で決定されたといわれる「日本共産党暫定規約」（『社会運動の状況』所収）を見ても、華族の入党については、ブルジョア、地主、官吏の場合と同じ厳しい制限を課している。もちろん、昭和八年になって急に厳しくなったのではなく、それ以前から同じだったと考えるのが当然だろう。簡単にいえば共産党と華族は不倶戴天の敵同士であり、水と油であった。

こう見てくると、八条たち多くの華族の若者が、共産党シンパとして活動できたのは不思議にさえ思える。

あるいは一つの見方として、八条たちは党員ではなくただのシンパにすぎなかったから共産党も警戒しなかったのだ、と考えることもできるかもしれない。

たしかに党員は組織を構成するメンバーだが、シンパはあくまでも党外の支持者ないしは同調者である。とくに非合法組織では、この区別は厳格なものがある。だから戦前において唯一の「前衛組織」だった共産党に入党するということの持つ意味は、現在からはかりしれないものであった。河上肇は『自叙伝』で入党させてもらえたときの嬉しさを率直に回顧し、そのときに詠んだ「たどりつき　ふりかへりみれば　やまかはをこえてはこえて　きつるものかな」という短歌を記しているが、党員とシンパの間には、たとえてみれば大相撲の幕内力士と番付外のフンドシかつぎくらいの差があったのだろう。

しかし、それは結局は共産党内部の資格の問題であり、実際の活動にあたって、党員とシンパを完全に区別することなどできるはずがない。実際に弾圧という面から見ても、シンパだから当局のお目こぼしにあずかるということはありえなかった。裁判での量刑などについてはおのずから差があったが、検挙は党員とシンパの区別なく行なわれた。

　さきに治安維持法第一条を紹介したが、あの条文は制定時のものであって、昭和三年六月、緊急勅令でつぎのように改められた。

「国体ヲ変革スルコトヲ目的トシテ結社ヲ組織シタル者又ハ結社ノ役員其ノ他指導者タル任務ニ従事シタル（担当シタル）者ハ死刑又ハ無期若ハ五年以上ノ懲役若ハ禁錮ニ処シ情ヲ知リテ結社ニ加入シタル者又ハ結社ノ目的遂行ノ為ニスル行為ヲ為シタル者ハ二年以上ノ有期ノ懲役又ハ禁錮ニ処ス」

　重要な改定点は二つある。罰則として死刑が追加されたこと、さらに「（共産党の）目的遂行」に協力した者、すなわち党員以外の者も罰することができるようになったことである。表面的な過酷さでは「死刑」のほうが目立つが、実は実際の弾圧で取り締まり当局にフルに利用され、多くの人間を苦しめたのは後者の改定点だった。

　よく言われることだが、この改定された治安維持法の第一条によって死刑にされたものは一人もいない。むろん小林多喜二のように拷問を受けたり、野呂栄太郎のように重病なのに獄中で放置されたりして、権力によって死に追いこまれた共産党員やシンパは数多くいるのだから、それをもって戦前の日本の体制が恩情あふれるものだったなどとは絶対にいえないが、事実として治安維持法による死刑はなかった。つまり結果的に見れば、昭和三年の緊急勅令による改定は、シンパを弾圧するためにおこなわれたと言えるのである。

取り締まり当局はこの規定をたてに、共産党員ではない人間や共産党とは関係のない組織までも思うように弾圧した。当局が「目的遂行ノ為ニスル行為」をおこなったと判断すれば、どんな人間でも検挙、勾留し、裁判にかけ有罪にできる。また、どんな組織でも叩きつぶすことができる。

上田誠吉『昭和裁判史論』によれば、ある弁護士は共産党関係事件の公判廷で速記をとったことを「目的遂行行為」と断じられた。それが共産党や左翼団体に利用されることを知りながら速記をとったのはけしからん、というわけである。しかし、弁護士は裁判長の許可を得て速記をとっており、しかも裁判所が調書をつくるためにそれを借りたことさえあった。これだけを見ても、この規定がいかに目茶苦茶なものだったかということがわかるだろう。

かくしてたくさんの学生や労働者、知識人が捕えられ、警察の留置場や拘置所にぶちこまれ、心身を痛めつけられたのである。

## 安易な拡大方針

さて、こういう現実をふまえて共産党幹部たちが心配しなければならないのは、実際の運動で党員ともひんぱんに接触するシンパが、当局の仮借ない取り締まりで検挙されればどうなるかということだろう。拷問もある。当然、党の機密がばれることもあるにちがいない。シンパだろうが党員だろうが関係はないのである。だから、普通ならシンパ網をむやみに広げれば党自体にも危機がおよぶと考えるところだ。所謂「革命的警戒心」というやつである。

華族社会の目も当然のことながら左翼運動には寛大ではなかった。作家佐多稲子の回想的著作『時と人と私のこと』にこんな一節がある。

「父が大山元帥という渡辺さんは、穏やかなふっくらとした人であった。『火の鳥』の時代には、当時の侯爵夫人だったかのこの人には私は、一度は、引合わせると堀さんから伝えられながら取りやめになって逢わなかったということがある。私が左翼運動に関係しているということで、周囲が気をつかったと聞いた」

『火の鳥』というのは昭和初期に発行されていた女性だけを筆者とする文芸雑誌で、大山巌元帥（公爵）の娘で渡辺千春伯爵（注・岩倉具定のつぎの宮内大臣だった渡辺千秋の息子。侯爵ではない）の夫人だった留子が資金を出していた。当時、新進気鋭のプロレタリア作家として活躍していた佐多も堀辰雄の紹介で作品を同誌に発表したのだが、そういう関係があっても、華族と左翼の人間が接することははばかられたのだ。それが、当時の世間の常識というものだった。

しかし、実際にはこれまでの記述から明らかなように、昭和六、七年ごろの非常時共産党の幹部にはそんなことは気にもならなかったらしい。組織や支持者の安全よりも金集めを優先し、シンパ網を安易に拡大していったのである。そして動くたびにみずから墓穴を掘っていった。いい加減な話だが、そもそもスパイに操られていたのだから、それも不思議ではないのかもしれない。

もっとも、非常時共産党がこのようにだらけきった組織だったとしても、八条たち華族にまで手をのばすのは、なにか特別の理由があってのことではないかという疑問が出てくる余地はある。たしかに「皇室の藩屛」として、共産党の第一の敵である天皇制を守っている華族を運動に引きこむのである。理論的には絶対にありえないことだから、そこにはそれ相当の政治的（現実的）判断があってもおかしくはない。

華族は体制の中枢に近いところにいる。だからその立場を利用して権力にダメージをあたえることもできる。とすれば、「赤化華族」を天皇制の「獅子身中の虫」として育てることもできる。ひょっとしたら、共産党はそう思ったのではないか。

が、やはりそんなことはなかった。水ぶくれ状態だった非常時共産党には、現実問題としてそのように手のかかることはできなかったし、さらに日本共産党には致命的な欠陥があった。

それは、結党以来「天皇制打倒」のスローガンをかかげながらも実際にはその内容をまったく深めず、したがって主張を効果のある形で訴えることができなかったことである。福永操『共産党員の転向と天皇制』、伊藤晃『天皇制と社会主義』などは、そのことを完膚なきまでに厳しく批判しているが、この傾向は非常時共産党の時代にもっともひどくなった。党の幹部たちは口では天皇制打倒を叫びながらも、天皇制が日本の社会の中で持っている意味や、それが大衆におよぼしている力の所以などについて真剣に考えはしなかった。ましてや華族のことなどにおいてをやである。実際、戦前の共産党関係文書で華族制度を正面から分析したものはひとつもない。

「皇室の藩屏」を天皇制打倒をうたう組織の活動に加えることの危うさ、また逆に運動に加わる華族たちが置かれる危険な状況に思いをめぐらす余裕も能力も、スパイMに翻弄されている非常時共産党の幹部たちにはとてもなかったのである。

「赤化華族」と共産党の関係はこのようなものだった。ルビコンを渡った八条たちからすれば「片思い」もいいところである。詳しくは後で述べるように、他の多くの共産党シンパたちと同様、「赤化華族」も全員が権力の前に転向を誓い、ほとんどのものが華族社会の中にとどまることになるのだが、それも当然のことであったと言うべきなのだろう。なにか空しい感じがしないでもない。

# 第四章　「五月会」と一斉検挙

## 中退

八条たち「赤化華族」については、まだ述べなければならないことも多い。しかし、あまり長い間、靖子から離れているわけにはいかない。八条たちには、靖子との関連で必要があるごとにふれることにする。

さて、靖子が昭和五年四月に日本女子大英文科に進学したことは、前に述べた。さらに、昭和六年秋ごろまでは古河家にいたらしいこと、古河家が靖子には従兄弟にあたる西郷従純を養子にむかえたために岩倉家にもどったことも、前述の通りである。したがって、靖子についての話は、その少しあと、昭和七年三月、日本女子大を中退したところからふたたび始まることになる。

靖子が英文科二年をおえたところで女子大をやめた理由は、おそらく結婚の準備であろう。そのころの女子大では一、二年間だけ在学して、花嫁修行のために学校をやめる学生がめずらしくなかった。靖子が日本女子大で学ぶについては母桜子の意志もはたらいていたのでは、という推測を前にしたが、結局は桜子も娘に幸せな結婚を望んだのだろう。長女初子は旧明石藩主の家柄の子爵松平直穎《なおとし》と、また次女雅子は関西の実業家田中徳蔵と、ともに十八歳で結婚しているが、靖子は中退したときすでに十九歳である。具体的な縁談があったかどうかは別にして、桜子は「そろそろ靖子も」と思っただろうし、古河虎之助なども中退をすすめたのではないか。

靖子が中退についてどう考えたかはわからないが、おそらく不服な顔をしたりはしなかったろう。なぜなら中退のころ、靖子はすでに非合法の運動に足を踏み入れはじめていたからである。大学をやめるかどうかなどは、靖子にとってもはや重要なことではなくなっていたはずだ。

それでも、もし靖子が日本女子大の目白のキャンパスで共産党の運動に参加していたとしたら、中退をためらったかもしれない。しかし、靖子は前述した寺尾としらが生み出した「女子学連」などとは、どうも関係なかったようだ。その理由は分からないが、女子大にいた共産党シンパたちには、「公爵令妹」である靖子は近よりがたい存在であり、オルグすることなど思いもよらなかったとも考えられる。

が、これまでにも何度か述べたように、靖子は繊細な心を持ち、世の中の動きに敏感な少女だった。彼女はのちに市ヶ谷刑務所の中で書かされた手記の中で、「私は観念の遊戯にふける事を好んで居りました」と述べているが、言葉をかえれば、物事を深く考える習慣を持っていたということである。そのような少女が、社会の矛盾に反発し、若者らしい正義感を燃やさないとしたら、むしろ不思議である。

　しかし、それと同時に靖子は堂上華族の公爵家の娘だった。周囲を見回せば華族ばかりである。それどころか父の姉周子は東伏見宮依仁親王の妃、つまり皇族である。靖子は特権階級の、しかもその中心にもっとも近いところにいたのだ。彼女もまた、八条たちと同様の、いやそれ以上のジレンマに悩んだにちがいない。

　さらに、靖子は母親や兄の苦労を幼いころから見てきた優しい少女だった。不幸な結婚生活を送ってきた母を愛し、いたわることにおいても人一倍のものがあった。そういう靖子が国禁の運動に加わっていくとき感じる心理的負担は、この点でもほかの「赤化華族」以上のものだったはずだ。それがどのように克服されていったかは、所詮、想像するしかないが、八条たちの場合と同じように、論理的に割り切った形ではありえなかったろう。靖子の場合、この矛盾がとうとう自殺にまでつながってしまったと思えるのだが、それはまた後の話である。

## 手記

　靖子が共産党のシンパ網に連なるようになったのは、昭和六年後半から七年の初めごろではないかと思われる。そう推測させるもとは、彼女の手記である。靖子が獄中で書かされた手記を、取り締まり当局はガリ版刷りにした。その一部が現在でも残っている。

　検挙された党員やシンパが、共産党の運動に加わるようになった動機や運動の具体的内容について手記を書かされるのは通例である。もちろん自由な環境で書かされるのではないから、それが書いた人間の真意を完全にあらわしている保証はない。しかも手記を書かされるのは一回だけではなく、特高や検事が満足する内容になるまで何度も書き直させられたから、早く出獄するために官憲にこびたり、ウソをついたりしている可能性もある。戦前、共産党員として検挙された経験のある岸勝が、『運動史研究』第三巻掲載の宮内勇との対談で語っているところによると、党の大物幹部の手記が「模範例」として印刷され、特高警官が「このように書け」と示唆したことさえあったという。

だから、靖子の手記の内容も、そのまま鵜呑みにはできない。手記の中で残っているのは、「私が共産主義の立場から日本の国体に就いて考へた事」と題するいわば「心情告白」の部分と、鉢山町の岩倉家の詳しい見取り図、そして「五月《さつき》会関係」の部分だが、「私が……」の文章や内容はあまりに紋切り型で、ウソを述べているわけではないとしても、靖子の心の動きなどが素直に出ているとは言いがたい。

これに対して「五月会関係」と題する事実関係だけを綴った部分は参考になる。もとより靖子がここですべてを語っているかどうかはわからない。しかし、当局がおそらく何度も書き直させた靖子の手記の中から、この部分をわざわざガリ版刷りにして残したのは、事実関係について靖子がウソはついていないと確信したからだろう。

当局は靖子が述べた事実関係について、彼女がこれを書く以前に、他の検挙者の自白などをもとに十分に調べ上げていた可能性が強い。手記に日付はないが、後述するように靖子が今日残されている「五月会関係」部分を書いたのは、検挙されてからかなりの日数がたってからであろうと推測できる根拠がある。当局には充実した調べをおこなう時間的余裕があったのである。したがって手記のこの部分は、靖子が共産党シンパになっていく過程を追ううえで重要な手がかりとなると言いうる（注・以下、手記と書いた場合、とくに断らないかぎりは「五月会関係」の部分をさす）。

手記によれば、昭和七年三月、何人かの華族や上流階級の若い女性が集まって「五月会」（注・厳密に言えば同年五月に本格的に発足したときにこう名付けられたのだが、混乱を避けるために初めからこの名前で呼ぶ）を作ることを相談した。その中に靖子もいた。「五月会」は表面的には社交を目的としていたが、集まったメンバーたちはそれを共産党のシンパ組織にすることで一致していた。

靖子はこう書いている。

「五月会は党の指導下に創立されました。従つてその目的は上流中流階級の青年の集りを作り、親しむ機会を作つて其の個性を観察し、素質のよい人間を選んで働きかけ、日常会話の中に社会問題を持ち込んでアヂリ獲得する事を目的とするのです。そして五月会内の組織を拡大し、資金、家屋の提供をする事も目的とします」

七年三月の段階で、このように明確な目標を立てて動く仲間に入っていたのだから、靖子はそのかなり前から共産党シンパになっていた可能性が高い。さきほど靖子が昭和六年後半から七年初めにはシンパ網に連なっていたのでは、と推測した理由はここにある。

では、この時期に靖子をオルグしたのは誰だろうか。やはり手記を読んでいくと、「村瀬の影響下に毛利、遠藤、山本、私等が出来ました……」という記述がある。つまり靖子がシンパとなったのは「村瀬」の影響が大きかったということである。では、この村瀬とはどんな人物か。

実は村瀬というのは本名ではない。手記の他の部分などから、はっきりとそう断定できる。本名は上村《かみむら》春子、結婚して横田姓となった女性である。

上村がなぜ手記では村瀬となっているのかは分からない。理由として一つかんがえられることがあるが、それについては第七章で述べる。

それはともかく、靖子の家系図をたどっていくと、上村春子という名前はすぐに見つかる。靖子の母桜子の兄従義の長女として、明治四十三年に生まれているのだ。従義は西郷従道の三男だが、日清、日露の役で活躍した海軍大将上村彦之丞の養子となった。妻、つまり春子の母のなミは日本海軍の育ての親で首相にもなった山本権兵衛《ごんのひょうえ》伯爵の四女である。

従姉妹同士になる春子と靖子は三歳違いだが、学習院女学部付属幼稚園に入ったのは春子が大正七年、靖子が翌八年で、一年しか違わない。二人は幼いころから仲良くしていたと思われる。

春子は昭和四年三月に女子学習院本科を卒業、高等科選科に進学している。春子が共産党に接近していった過程はほとんど不明だが、彼女の弟邦之丞も「ザーリア」に近かったことからすると（注・邦之丞は成城高校の学生で学習院生ではなかったが、「ザーリア」のメンバーに知人がいたと思われる）、近しいところにシンパか党員がいたのかもしれない。そして、春子が靖子をオルグするにいたったのは、水が低きにつくが如く自然だったということは、これまでの記述から容易にわかるだろう。

## 「五月会」

さて、昭和七年三月ごろ、華族や上流階級の若い女性たちが「五月会」を作るべく動きだしたのだが、その中にはむろん春子も靖子も入っていた。靖子の手記によると、春子はその半年ほど前に「メープラム・クラブ」という会に参加したらしい。これも上流階級の若い女性の集まりで、春子はここをオルグの足場にしようとした。ところがいろいろの理由で断念し、結局、靖子たちとともに新しい会を作ることにしたのである。

しかし、この企てもなかなか思うようにはいかなかった。表面上は「文学、演劇、絵画、音楽、スポーツの各趣味を持った社交集会」ということでメンバーを集めようとしたのだが、誘い方が下手で衣の下から鎧が見えてしまったらしく、みんなに警戒され、さっぱり人が来なかった。そこで登場するのが「目白会」の名簿にも載り、当局によって「犯罪ノ嫌疑十分」としてマークされていた横田雄俊《たけとし》という男性である。靖子の手記にはこうある。

「（靖子らに誘われた女性たちは）村瀬の計画を察知してか、家庭の事情があるとかクラブを作る意志がないとか云つて避けました。其処で力の不足を感じて横田雄俊が加はる事になりました」

横田は華族ではなかったが、やはり上流階級の青年だった。父は現在の最高裁判所にあたる大審院の院長をつとめた横田秀雄で、雄俊は四男である。横田一族は法曹一家として有名で、秀雄の長男正俊は戦後、最高裁長官となったが、雄俊も学習院高等科から東京帝大法学部を卒業して、判事の道を歩んだ。

いわば法曹界のサラブレッドともいえる雄俊が共産党に近づいていった経緯も不明である。ただ、のちに彼が検挙されたとき、新聞は「結婚したばかりの妻を失ったことから自暴自棄になって共産党シンパとなった」という意味のことを書いたが、これはまったくのデタラメである。結婚以前から横田がシンパとなっていたことは確実だ。

もともと横田家はリベラルな家風だったらしい。秀雄は摂政時代の昭和天皇を東京・虎の門で狙撃した難波大助を大審院院長として裁いたが、いたずらに「大逆犯人」扱いすることなく、難波の内面まで立ち入った審理をおこなった。それが一部の怒りを買い、大審院院長として当然もらえるべき勲章をあたえられなかったという話すらある。また、正俊も最高裁長官のときに、教員組合関係の裁判などで労働者側に有利な判決を下している。そういう雰囲気の中で雄俊も自然と天皇制などに疑問を持ち、共産党に接近していくようになったのだろう。

横田は他の共産党のオルグとともに春子らと会った。そして、社交色を一層強く打ち出す作戦をとるように助言した。春子や靖子はそれに従い、メンバー集めでも自分たちは表に出ず、思想的なレベルは低いが社交的で交際範囲も広いある女性を中心にするようにした。その結果、なんとか恰好がつき、四月二十九日を期して創立のための会合を開くことになった。

四月二十九日は言うまでもなく昭和天皇の誕生日、当時は「天長節」である。わざわざこの日を選んで旗上げしようとしたのは、カモフラージュの意味があったのだろうか。もっとも、どんなわけなのか、結局、創立は五月にずれこんだ。そこで会名も「五月会」となった。

## 従姉妹の結婚

「五月会」の会員はほとんどが女性だったが、最初の会合は横田の司会ですすめられた。発会の辞もかれが述べた。つまり「五月会」の実際の指導者は横田だったのである。多分、かれは「ザーリア」の八条隆孟らとも緊密な連絡をとり、「五月会」を強固なシンパ組織に作り上げようと考えていたことだろう。

ところが、その横田自身が、発会後すぐに「五月会」の活動から手を引かざるをえないようになってしまった。名古屋地方裁判所に司法官試補として勤務するように命じられたからである。判事になるためには、任官前一年半、司法官試補として裁判所などで修習しなければならなかったから、これを拒むことなどできない。靖子たちには大打撃だった。

そして、さらに困ったことに赴任直前に横田は結婚してしまうのである。もちろん、結婚自体は横田の自由で困ったことではないが、相手が問題だった。妻となったのは上村春子だったのである。当然、横田と春子はそろって名古屋におもむいた。こうして「五月会」は発足早々で中心となるべきメンバー二人を一挙に失った。

靖子の手記によると、横田と春子は「五月会」のことを相談したときが初対面だったということになっている。とすれば、二人が知り合ってから結婚するまではわずか三カ月くらいしかない。まさに電光石火で、はげしい恋愛があったことを想像させる。おそらく、横田の名古屋赴任が決まったため、二人はいそいで結婚したのだろう。若い男女の行動としては珍しくもないことだが、誕生したばかりの「五月会」には大きなマイナスである。そこまでは横田と春子の思いはおよばなかったのだろうか。従姉妹の結婚を祝福しながらも、残された靖子は割り切れない気持ちを抱いたかもしれない。

しかし、もしそうだったとしても、靖子はいったん始めたことを、すぐに投げ出せるような性格ではなかった。横田夫妻が東京を離れてからは、「五月会」は靖子によって担われるようになる。

靖子は手記に「私自身は五月会創立当時から最後まで努力しましたが、生来あの様な社交的性質で無いので、親しい友人を作る事も困難で五月会の仕事に相応しないと思つて居りました」と書いているが、「五月会」は表面的には社交クラブだから、靖子もエネルギーを会員たちの興味を引く方面にそそがざるをえなかった。発会から靖子らの検挙によって消滅する昭和八年三月までの間に、「五月会」ではピクニック三回、映画鑑賞会三回、運動会、演劇会、スキー二回をおこなっている。これだけをみれば、完全に娯楽中心の集まりである。実際に会合に何回か出席したことのある旧華族の女性の直話でも、思想的な雰囲気はまったくなかったとのことだ。

それでも靖子は会合のたびに、そのころ牙を剝き出しつつあったナチズムのことをそれとなく話したり、ベーベルの『婦人論』を読むように勧めたりした。しかし、その努力もほとんど実らなかった。靖子は手記でこう言っている。

「会員の一人々々の性質をよく知つて、素質のよい者に働きかけるのですが、総括して自己の地位生活に満足し、贅沢な事に慣れてゐる人達なので、階級問題、社会問題に話題を持ち掛ける事も不可能な位でした」

「五月会を振り返つて見ると、五月会の合法的発展さへ困難なのに、その中の非合法的発展は一層困難でした。費用倒れになつて、むしろ労力の浪費に終つた様に思ひます。従つて、私達の終極目標であるメンバー獲得も僅かに毛利一人が成功したのみに終りました。五月会は合法的にも余り有益なものでもなく、極く暇な人々の娯楽に過ぎませんでした。毎週、党の指導者と共に五月会内目標メンバーに就いて話しましたが、五月会に関する非合法活動は徒労に終りました」

もし横田や春子が東京にいれば、少しはちがった結果が出たかもしれないが、靖子たちにはこれが精一杯だっただろう。もっとも、誰が中心になっても結果は似たようなものだったかもしれない。同じ学習院関係者の組織でも、「ザーリア」のほうは読書会から出発しているだけにまだ見込みがあったが、「五月会」は上流階級の若者たちを社交を餌に誘って、その中から共産党シンパを育てようというのだから、そもそも構想自体が無理だったのである。

手記の記述にしたがえば、「五月会」に対して共産党の「指導」も熱心におこなわれたかのようだが、もしそれが本当だとしても、ずいぶん甘い判断にもとづいた「指導」ではないか。リクリエーションへの勧誘を通じて党勢を拡大するというのは、戦後の一時期、共産党が好んだやり方だったが、非合法時代に、しかも特権階級相手にもそれと同じようなことを本気で考えたのだろうか。当時の共産党が華族をオルグすることについて、さまざまな問題点を真剣に考慮した形跡がないということは前述したが、「五月会」とのかかわりかたにも、それが反映しているのである。

## 八条検挙

元来、地味な性格だった靖子が急に社交的になったことは、周囲をおどろかせたかもしれない。しかし、それを共産党と結びつけて考えるものは誰もいなかった。二番目の兄具実は、妹がマルクス主義にひかれていることを知ってはいたが、まさか実際の運動にかかわっているとは思わなかったようだ。

ただ、靖子と同じ部屋で寝起きしていた妹の溮子は薄々気づいていたふしもある。靖子が、皆が寝しずまった夜遅く、その部屋で非合法のビラ作りをしていたからである。靖子が検挙されたことを知った溮子が「やっぱり」とつぶやいたのを聞いた人がいるのだが、しかし、彼女は姉の行動について誰にも話さなかった。

桜子も具栄夫妻（注・具栄は伯母の東伏見宮周子妃の世話で藤堂高紹《たかつぐ》伯爵の長女良子と結婚していた）も具実も、靖子が共産党シンパになっているとは夢にも思わなかったのである。

が、警察の手は確実に靖子のそばまで伸びてきていた。昭和七年十月六日の「大森銀行ギャング事件」、十月三十日の「熱海事件」と、非常時共産党は「スパイM」と当局の連携プレーで壊滅に向かってまっしぐらに転がされていくのだが、一般党員やシンパもつぎつぎに警察の手に落ちた。その過程で、学習院関係者の間にもシンパ網が存在することを取り締まり当局は察知したのである。

察知するにいたった経緯について、当局の発表にもとづいた各新聞記事には、昭和七年十一月に検挙された党資金局ブルジョワ班キャップの石井滋の自供による、とある。石井滋は東京商大出身の党員で実在の人物だが、この当局の発表が真実を述べているかどうかは分からない。要するに断言できるのは、共産党絶滅を目指す司法、警察当局が執拗に張りめぐらした弾圧の網の目からは、誰も逃れることができなかったということである。

そして、昭和八年一月十八日、ついに「赤化華族」から最初の検挙者が出た。八条隆孟である。新聞報道では、八条は勤務先の日本興業銀行から警視庁特高係の刑事によって連行されたことになっているが、八条の親族の証言によれば、実際には兄の隆篤に付き添われて自分から警視庁に出向いたそうである。

隆篤は日本勧業銀行に勤めていたが、特高はまず執務中の彼に電話し、もし弟を自発的に出頭させるならば人前で検挙するつもりはないと伝えた。特高にも八条家の家柄へのいくぶんかの配慮があったのだろう。

八条の容疑について昭和八年四月の『特高月報』はつぎのように記している（注・『特高月報』に記載されるのは起訴されたものだけで、載るのは起訴された月の号である。八条は四月七日に起訴されたので四月号に載っている）。

「目遂、資金活動、ブルヂヨア班中学習院班」

この「目遂」というのは、前章の最後で紹介した治安維持法における「目的遂行罪」の略である。「国体ヲ変革スルコトヲ目的」とした結社、つまり共産党の党員でなくても、「結社ノ目的遂行ノ為ニスル行為ヲ為シタル者」は二年以上の有期の懲役か禁錮にできる、という規定が八条にも適用されたのである。

翌十九日の『東京朝日』はつぎのように報じている。

「同氏（注・八条のこと）は昨年春学習院高等科を卒業（注・これは誤りである）、直に同行預金課に勤務し……自宅から通勤してゐたのであるが、在学中、研究会（注・子爵議員が中心となって作っていた貴族院の院内会派の一つ）の重鎮〇〇子爵令息等と社会科学研究のグループを作り、〇〇子爵邸等でしばしばメムバアの会合をなし思想およびその行動にも可なり突き込んだ所まで進んだが、この間党員とも交渉あり、いはゆるシンパサイザーとして、金銭の提供をなした事実もあるらしく、学習院の中でも注意人物の一人になつてゐた。同氏の検挙、取調べにより、同じグループであつた他の華族の子弟にも当局の手は伸びるものと見られ、今後の成行は注目される」

靖子が八条と直接面識があったかどうかは分からない。しかし、いずれにしろ八条検挙を知って衝撃を受けたのは間違いない。そして、自分の身辺も危うくなってきたと、直感したことだろう。この『東京朝日』の記事を読めば、当局が八条以外の「赤化華族」についても捜査を着実に進めているのが分かる。「研究会の重鎮〇〇子爵」とは、たぶん森俊守の父俊成子爵だろうが、八条、森を中心とする「ザーリア」の実態を当局が完全につかんでいることは、記事の行間から容易に読み取れる。そして「五月会」の存在も、すでに当局に察知されていることを靖子は覚悟したはずだ。

## 従姉妹の死

八条の検挙後、靖子には息が詰まるような日々が続いたろう。しかし、そのころ、一つだけいいニュースがあった。名古屋に行った横田雄俊が司法官試補の職を辞め、弁護士になったのだ。

雄俊がどういう理由で司法官試補を辞めたのかは分からない。のちに雄俊が検挙されたとき、ある新聞は「思想的問題のために依願免職となつた」（『国民新聞』昭和八年八月十日）と伝えた。これが本当だとすれば、雄俊は自分の意に反して裁判所を去ったということになるが、どうもにわかには信じられない。

というのは、昭和七年十一月に東京地裁の尾崎陞《すすむ》判事ら数人の司法関係者が共産党シンパとして検挙される事件（「司法官赤化事件」）があったばかりだからだ。共産党弾圧の波は司法部内にも容赦なく押し寄せていたのである。もし雄俊の思想傾向が問題にされたのだったら、依願免職どころではすまなかったはずだ。

もっとも、当時、明治大学総長だった雄俊の父秀雄の元大審院院長という肩書がものをいって、かれに関するかぎりは問題がうやむやのうちに処理された可能性もある。しかし、雄俊も結局、検挙されるのだから、父親の威光は関係なかったとも考えられる。雄俊の人事記録は名古屋の裁判所にも残っていないので、辞職の理由について、これがそうだと断定できる材料はいまのところはなにもない。

が、いずれにしろ、雄俊が裁判官を辞めたことで、横田夫妻は東京に帰れることになった。もうこれで靖子は一人で苦心惨憺して「五月会」を運営しなくてもすむ。ただ、司法官試補を辞めた雄俊は徴兵免除の特権を失い、二月から陸軍の宇都宮野砲兵第二十連隊に幹部候補生として入隊させられたので、すぐには活動に復帰できないが、妻の春子は大丈夫だ。暗闇の中に薄い光がさしたのである。

ところが、好事魔多しだった。いいニュースの後に悲報が続いたのである。雄俊の入隊とほとんど時を同じくして、春子が死んでしまったのだ。靖子の受けたショックは想像するにあまりある。従姉妹であり、自分を共産党の運動に誘った同志の春子がこの世から急にいなくなった。横田夫妻が名古屋に去ったときも心細い思いをしただろうが、それとは比べものにならない打撃である。こうして靖子は内からも外からも追いつめられていく。

## 一斉検挙

八条の検挙後一カ月ほどして、今度は「ザーリア」のメンバーだった学習院高等科卒業の大学浪人生ら数人が検挙された。この中には華族の子弟は含まれていないが、これはそのころ第六十四通常議会がひらかれており、そこで華族の思想犯罪容疑による大量検挙が問題にされるのを当局がきらった結果である可能性もある。

そして三月下旬、当局はついに「赤化華族」の一斉検挙に踏み切った。このときから九月中旬までに検挙された華族は九名である。

当時、内務省警保局長だった松本学がのこした極秘文書類（国立国会図書館憲政資料室など）の中にある「学習院出身者並華族ノ共産党関係者調」（警視庁　昭和八年十二月二十日現在）によれば、三月二十七日に、まず森俊守と松平定光が検挙された。森はのちに起訴されたから、昭和八年五月の『特高月報』にも、この日付と、「目遂」「党運動資金トシテ合計金二百二十五円ヲ党へ提供セリ」という容疑事実が記載されている。また、松平は学習院高等科卒業目前で、二十七日は卒業式当日だったという（やはりザーリア周辺にいた副島種典の回想。もっとも松平は検挙されたとき健康を害していたせいで、四月四日には釈放されている）。

さらに、翌二十八日、久我《こが》通武《みちたつ》、山口定男が、二十九日には上村邦之丞が検挙された。そして、同日、岩倉靖子も特高の手に落ちた。

「学習院出身者並華族ノ共産党関係者調」には靖子の検挙月日が「八月三十日」とあるが、これはあきらかに誤記である。また、『特高月報』には「三月三十日検挙」とあるが、後述するように、特高が靖子を自宅から連行していったのは三月二十九日であることは、靖子の親族の日記によって証明できる。『特高月報』によれば、容疑は「目遂」と「党技術部メンバー、党運動資金百九十八円ヲ提供セリ」である。

このあと、四月二十日に亀井茲建《これたけ》、二十二日に小倉公宗、そして、時間をおいて九月十五日に中溝三郎が検挙された。

ここで一部繰り返しにもなるが、靖子以外の九人の家柄や履歴などを簡単にまとめておこう。

八条隆孟《たかなが》は二十七歳（注・検挙時の満年齢。以下同じ）。堂上華族の隆正子爵の次男で、学習院高等科から東京帝大法学部に進み、卒業後、日本興業銀行に勤務していた。父隆正は大蔵官僚を経て貴族院議員となり、子爵議員の会派である研究会の中心人物として活躍する一方、隆孟が検挙されたときは産業組合中央金庫理事長でもあった。

森俊守は二十四歳。学習院高等科から東京帝大経済学部に進む。大名華族（旧三日月藩主）の俊成子爵の長男である。俊成は東京市会議長であると同時に、貴族院子爵議員に互選されていた。

久我通武は二十三歳。堂上華族の通保男爵の次男。学習院高等科から東京帝大農学部に進んだ。通保は岩倉具張の醜聞のとき宗秩寮総裁だった久我通久侯爵の三男で、宮中の祭祀をつかさどる掌典の職にいたこともある。

上村邦之丞は二十歳。当時、成城高校在学中。日露戦争における功労で男爵となった彦之丞海軍大将の孫で、父従義（予備役海軍大佐、貴族院議員）は西郷従道の三男、母は山本権兵衛の四女である。姉春子と妹の間のひとり息子だった。

山口定男は二十三歳。学習院高等科から東京帝大経済学部に進む。祖父正定が明治天皇の侍従長などをつとめた功労で男爵となった。父豊男はすでに死去し、爵位は兄正男が継いでいた。母正子は皇太后（貞明皇后）に仕える女官で、藤袴権典侍の源氏名を持っていた。

亀井茲建《これつね》は二十二歳。学習院高等科から東京帝大法学部に進む。大名華族（旧津和野藩主）の茲常伯爵の長男。茲常は昭和天皇の侍従などをつとめた宮内官だった。

小倉公宗は二十三歳。学習院高等科から東京帝大文学部に進む。父は堂上華族の英季子爵だがすでに死去し、爵位は兄義季が継いでいた。

松平定光は二十三歳。学習院高等科から東京帝大文学部に進む。大名華族（旧桑名藩主）の定晴子爵の長男である。定光はのちに岩倉具栄の妻良子の妹と結婚した。

そして九人目が中溝三郎（二十五歳）である。中溝は他の「赤化華族」たちよりも半年ほどあとに検挙されたが、これはかれが学習院高等科から京都帝大経済学部に進み、主として京都で活動していたためと思われる。検挙される直前の中溝には面白い挿話があるが、それについてはあとで述べる。

中溝が他の「赤化華族」と異なっているのは、検挙当時、男爵の爵位をもっていたことである。中溝は日露戦争の功労で男爵となった徳太郎（海軍中将）の甥だが、伯父のところに養子に入り男爵家の当主となったのである。このことについてふれた皇宮警察部（注・現在の警察庁皇宮警察本部だが、戦前は宮内大臣官房に属した）の報告が、当時、宗秩寮総裁だった木戸幸一の日記に転記されている。

「華族当主ニシテ軽微ニモセヨ、治安維持法ニ触ルル行為アリテ、検挙セラレタル者トシテハ本人（注・中溝）ヲ以テ嚆矢トスルモノナリ」（昭和八年九月十九日）

爵位を持つものが治安維持法違反の容疑で検挙されたのは男爵石田英一郎の例があるから「嚆矢トスルモノ」という記述は間違いだが、そう勘違いしてしまうほど当局者は苦々しい思いをしたのだろう。

# 第五章　転向拒否

## 靖子検挙

警視庁特高課の野中満警部補と渋谷署の特高係が鉢山町の岩倉家にやってきたのは、昭和八年三月二十九日午前九時であった。

当主の具栄公爵はすでに勤務先の宮内省帝室林野局に出勤しており、また桜子は末っ子の淵子を連れて次女雅子が嫁いでいる兵庫県西宮市夙川の田中家を訪ねていたから、当時、在宅していた家族は具栄夫人良子と靖子の二人だけだった。

玄関に応対に出た良子が「主人も義母もおりませんから」と制止するのを無視して、野中たちは家の中にあがりこみ、靖子の部屋を捜索した。そして靖子を連行しようとした。同じ敷地内の別棟に住んでいた具実が駆けつけ、連れていくなら具栄がいるときにしてくれと頼んだが、野中たちは承知しなかった。

良子はあまりに意外な出来事におろおろするだけだったが、当の靖子は対照的に実に落ち着いており、良子に手伝ってもらって着替えをすませ、渋谷署に連行された。前述のように、『特高月報』には靖子が三月三十日に検挙されたと記されているが、おそらく勾留などに関する事務的な手続きがこの日にとられたのだろう。靖子の半年以上に及ぶ獄中生活は、三月二十九日から始まったのである。

当時の警察のやり方では、共産党関係の被疑者の検挙は警視庁の特高係が直接おこなった。しかし、被疑者を警視庁本庁に連行することはせず、各警察署の留置場にいれた。そして、取り調べには本庁から特高係がやってくるという仕組みになっていた。靖子の場合も例外ではなく、まず自宅に近い渋谷署に連行され、勾留されたのである。

そして約一カ月して、靖子は東京の下町にある亀戸署に移された。亀戸にいたのは約十日間で、つぎに久松署（注・当時の名称は正確には日本橋久松署。昭和十二年八月に久松署と改称され、二十年五月、合併で日本橋署となる）に勾留された。久松署に移されたのには後述するように特別の理由があったと思われるが、ここに靖子は約二カ月間いた。

この合計三カ月ちょっとの留置場暮らしのあと、靖子は未決囚を収容する市ヶ谷刑務所に送られた。七月七日に起訴されたからである。華族の女性でこのように長い獄中生活を送らされたのは靖子をもって空前絶後とするが、当然、彼女にとっては苦しい日々が続いた。しかし、靖子はここでも安易に妥協することなく、生真面目に真摯に悩み、考えぬいた。これから、その様子を追っていくことにする。

当時、警察に拘引された思想事件の被疑者たちがやらされることはきまっていた。まず中心となるのは、いうまでもなく警視庁から出張してくる特高係の取り調べを受けることである。靖子もおそらく検挙にやってきた野中警部補らによって、さまざまなことを訊かれたはずである。しかし、取り調べは毎日のようにあったわけではない。なにしろ、治安維持法の無差別な適用によって、特高に検挙されるものの数は増える一方だったから、取り調べる側の人手も足りなかった。その結果、取り調べは断続的におこなわれることになった。

では、検挙されたものたちは、取り調べのない日はなにをやらされていたのだろうか。前章で述べたように、手記を書かされていたのである。靖子にも紙と筆記用具が渡され、共産党の運動に参加した動機や、実際の活動の内容をこと細かく記すことが命じられたであろう。警察の留置場は雑居房だったし、ものを書く場所もない。そこで、被疑者たちは署内の事務室などに呼び出され、その片隅の机の上で手記を書かされた。

さらに、関係者との面会も被疑者たちがやらされることのひとつである。面会をやらされるというのはおかしな言い方かもしれないが、検挙されたものは誰にでも自由に会えるわけではなく、面会を許されるのは警察にとって都合のいい人間だけだから、被疑者たちにとって面会はまさにやらされるものであった。後述するように、渋谷署の靖子のところにも、何人かの面会人があらわれた。

そして、場合によっては、これに拷問がくわわるのである。

靖子が検挙される少し前の二月二十日正午ごろ、作家の小林多喜二は東京赤坂の路上で街頭連絡中に築地署の特高によって検挙され、その日の夜、同署で拷問を受けて虐殺された。取り調べや手記どころではなく、あっという間に殺されてしまったのである。小林のように死にいたったかどうかは別として、警察で拷問を受けた思想犯は枚挙にいとまがない。特高が小林に残酷な暴力をふるったのは、彼が短編小説『一九二八年三月十五日』で拷問の実態を赤裸々に暴いたことを恨んだためだといわれるが、特高は自分たちから見て「情状」の悪いものにたいしては言語道断の仕打ちをした。また、サド的な性格の特高が陰惨な行為におよんだ例も数多い。

しかし、靖子はそのような目には多分あわなかった。若い女性の被疑者といえども、特高の暴力からのがれられなかったことを示す関係者の回想などは多いが、「公爵令妹」である靖子に拷問をくわえるだけの度胸は、さすがの特高にもなかったのではないか。この推測は、本章後半、あるいは次章で記述する事実からも裏づけられよう。

もっとも、拷問がおこなわれなかったということは、単に直接的な暴力がふるわれなかったというだけで、警察での勾留自体が肉体的、精神的圧迫を意味するものであることはいうまでもない。戦前の警察の留置場の衛生状態のひどさに関しては、体験者の証言がいろいろとあるが、生まれてから物質的には何ひとつ不自由のない生活を送ってきた靖子には、そこでの毎日がたいへんに辛いものであったことは容易に想像できる。が、それにもかかわらず、靖子は頑張りぬいた。特高の取り調べでも頑強に容疑事実を否定し、彼らの意にかなうような手記も書かなかった。面会に来た人たちに対しても、自分は法にふれるようなことはしていない、検挙はなにかの間違いだと言い続けた。警察の言っていることはただの脅かしだから信用しないでくれ、新聞や雑誌の記者たちが取材にやってくるだろうがいっさい相手にならないように、とも言った。

渋谷署での靖子は、このように意気軒昂というべきであった。ただ、桜子のことはひどく気にかけて、心配をかけて本当にすまない、周囲の人たちも母を元気づけてほしいと、面会に来た人たちにむかって繰り返した。後でも述べるように、肉親の情を利用するのが特高の得意技だったから、こうした靖子の態度は野中警部補たちをほくそ笑ませたかもしれないが、肝心の共産党の運動とのかかわりという部分では、彼女は特高をよろこばせる類の供述はいっさいしなかった。

### 懐柔策

これは当局にとっては実に意外なことだったろう。華族の女性を思想犯として検挙するという経験は当局にとっても初めてだが、どうせ「お姫様」だ、何日か勾留しておけばあっさりと悔い改めるさ、と高をくくっていたはずだ。

しかし、その予想はすぐにくつがえされてしまった。靖子が検挙されてから三週間以上たった四月二十四日に、具栄と具実が警視庁に野中警部補をたずねたが、そのとき野中は二人に、「まだ転向しない」と言った。野中たち特高にしてみれば、完全に当てがはずれた思いだったにちがいない。

いっこうに「改悛の情」をみせない靖子に、特高はやや本腰を入れて取り組むことにした。

当時の法律では警察での勾留期間は二十九日間ときめられていたため、被疑者をいったん形式的に釈放し、すぐにあらためて検挙して別の署に移すという「たらい回し」が警察の常套手段だった。靖子にもこの手が使われた。おそらく検挙されてから二十九日目の四月二十七日、靖子は渋谷署から亀戸署に送られた。

渋谷から亀戸に移したのは、多分靖子に対する牽制だろう。自宅から遠くに引き離すことで、精神的に追いこもうとしたのであろう。そして五月初め、おそらく二日か三日には、桜子が初めて靖子に面会することも許している。硬軟両様の揺さぶりである。しかし、靖子の態度はいっこうに変わらなかった。そこで特高は今度は一転して懐柔策をとることにした。亀戸署に十日間ほど留置したのち、久松署へ移送したのである。

なぜ、久松署へ移すことが懐柔策になるのか。それは久松署の署長宮脇倫《ひとし》が具栄の一高、東大時代の同級生だったからだ。

宮脇はのちに官選の埼玉県知事をつとめ、戦後、マッカーサーによってパージされたエリート官僚である。具栄と同じく昭和二年に東京帝大法学部を卒業し、内務省に入って警視庁管内の万世橋、三田署の署長を歴任したのち、昭和八年十月に新設された警視庁特別警備隊の隊長に抜擢されるまで久松署署長をつとめていた。

この宮脇のおかげで、靖子はなにかと便宜をはかってもらうことができた。面会に来た桜子が靖子の髪を梳いてやることとさえ黙認された。もちろん具栄への友情もあっただろうが、エリート内務官僚、警察署長としての宮脇には、当然、職務上の思惑もあったはずだ。当局はあの手この手をつかい、靖子が情にほだされ転向するよう図ったのである。

ところが、ここに一つの「伝説」がある。それは靖子が久松署で家族からもまったく見放され、気の毒な毎日を送っていたという「伝説」である。つぎの文章を読んでもらいたい。

「母に会わせるために連れ出された人と岩倉さんに、かの女は持参した手製の寿司を勧めた。突然、岩倉さんの目から涙が迸りおちたと思うと、先刻の笑顔が俄かにゆがみ、嗚咽に肩をふるわせて泣いた。宥めかねている内に岩倉さんは涙を拭いて、失礼しましたと、寂しげではあるが笑顔をつくつた。そして、

『何もかも、拝借もので、この襦袢も、この伊達巻も、そしてお寿司まで』

といつた。

警察に来てから何カ月にもなるのに、かの女の母は一遍も訪ねて来ない。一月に一度ずつ家令がやつて来て、家門の恥ということを知つて頂きたいと説教して帰るだけで、何の差入れも持つて来ない、と友人はあとで聞いた」

これは『新潮』一九六七年四月号に発表された阿部光子の『花の十字架』（のちに『遅

い目覚めながらも』所収）という短編小説の一節である。

阿部は靖子と同時期に日本女子大で学び、やはり共産党シンパの容疑で検挙された経験を持っている。父親が立憲政友会の幹事長をしていた松野鶴平（戦後、参議院議長）に頼みこみ、その尽力で一カ月足らずで放免されたという。かなり真剣な気持ちでマルクス主義の文献も読んでいたのに、釈放されてからは親や松野の言いつけを素直に聞いて、読みかけだった「資本論入門」を開くことさえしなかったと『花の十字架』には書かれている。

つぎの一節から分かるだろうが、靖子はそれと対照的な人生を歩んだ女性として、この短編の中に登場している。

「家門の名誉だけを押しつけられ、実質的には恵まれない不幸な境遇にいたこの令嬢が、何とか今日まで生きていられたらと思うのはわたしの愚痴だろうか。

人の一生は年月で計られるものでなく、かの女が一瞬に決断したことを、おろかなわたしは三十年かかってまだ決断できずにいる。それだから生きているのかもしれない。かの女がある冬の朝の闇の中で対決したことは、誰でもが必ず対決しなければならないことで、わたしたちの祖先にはそれが踏絵を踏めという形で来たのであったろう」

この小説が発表されたとき、靖子の肉親たちの中には苦々しい思いをした人もいたという。それは当然である。全体を読めば、かならずしも桜子などが「悪役」として描かれているのではないことはわかるが、家族が面会にも差し入れにも来なかったという事実に反する記述は、岩倉家の人々にはショッキングだったろう。阿部光子の夫は、日本における救世軍の祖、山室軍平の長男である。すぐあとで述べるように山室と岩倉家は靖子をめぐって浅からぬ関係にあったから、『花の十字架』を読んだときの岩倉家の人々の思いはいっそう複雑だったであろう。

もっとも、阿部の他の作品、たとえば『献花』などによれば、彼女と夫の実家とはほとんど没交渉に近かったようだから、阿部は獄中の靖子と家族との関係について詳しくは知りえなかったのかもしれないが、そうであったとしても、『花の十字架』によって靖子の遺族たちが傷つけられたことは否定できない。

ただ、あえていうならば、『花の十字架』は一篇の小説、フィクションにすぎない。阿部光子というユニークなクリスチャン作家が、自分の来し方を苦い思いをこめてふりかえるにあたって、見聞したいくつかの「事実」のなかから特定の「事実」をえらびとり、それをもとに『花の十字架』という小説を書いた、それだけのことだ、といってしまえるかもしれない。

文学とプライバシーとの関係、などと言い出せば話は別になってくるが、それは法廷などでたいして意味のない決着をつけることは可能だとしても、結局は永遠に解決不可能な問題であろう。また、フィクションとして読むかぎり、『花の十字架』はなかなか感動的な作品である。靖子にささげられた文学的な墓碑銘として、後世に伝えられる価値のあるものだといえるであろう。

## ふたたび『日本女子大桂華寮』について

が、しかし、この「伝説」が「事実」として定着してしまうことは、やはり阻まなければならない。その意味で、前に靖子の転校との関係で取り上げた『日本女子大桂華寮』の誤りは、ここでも再び指摘されるべきである。

前述したようにこの本はフィクションともノンフィクションともつかない作品である。が、巻末には参考文献が多数あげられており、登場する人物も実名だから、記述の内容を読者が歴史的事実としてうけとるのを前提としていると思われる。いわゆる「ノンフィクション・ノベル」というジャンルに属するのかもしれないが、もしそうであっても、歴史的事実の確認においては慎重であってほしい。ましてやこの本は、何百年も昔の話ではなく関係者も現存しているような出来事をとりあげているのである。

となると、つぎのような記述のはっきりした根拠を問いたくなるのは当然だろう。

「岩倉は、女子大を追われたのみならず、岩倉家からも見放されているという。母親はただの一度も面会にいかないし、一族は『恥』として、あとは警察におまかせといっているそうだ」（同書二一四頁）

『日本女子大桂華寮』は、何人かの関係者の回顧談に拠っている部分が多いようだ。しかし、一般的にいって回顧談というものは完全に信用できるとはかぎらない。語る本人には嘘や誤りをいっている意識はなくても、また人並みはずれた記憶力を誇っていても、時間の流れが記憶をゆがめていることが多いのだ。

　したがって、それを材料として歴史的叙述をおこなうときには裏付けを十二分にとる必要があることは論をまたない。しかし、この本の著者の裏付けの取りかたは、靖子のことに関してはやや不十分だったようだ。

　たとえば「母親は、ただの一度も面会にいかない」という記述は明らかに誤りである。五月初めに亀戸署を訪れたのを皮切りに、桜子は何度も警察や刑務所に面会に出かけている。また、桜子をはじめとする岩倉家の家族たちが検挙された靖子のために奔走した様子についてはあとでまとめて述べるが、そうした事実を確かめるにはそれほどの努力は必要としない。

　さらにいくつかの問題点をあげよう。まず、『日本女子大桂華寮』では靖子が日本女子大を「追われた」ことになっている。靖子の日本女子大附属高等女学校への転校に関する同書の記述が不正確なことはすでに指摘したが、退学についてもこのように事実とちがうことが書かれているのだ。

　もし、靖子が日本女子大を「追われた」としよう。そのことを家族や周囲に秘密にすることなど出来ようはずがない。とすれば、靖子が日本女子大を中途退学してから始めた「五月会」に、ただの社交クラブと思って上流階級の若者が集まってくるだろうか。警戒してだれも来ないにちがいない。これだけを考えても、靖子が日本女子大を「追われた」りしたのではなかったことは容易にわかる。

また、同書では靖子を「岩倉公の孫娘」と書いている。どうでもいいような間違いだが、あえてこれをいうのは『花の十字架』にも同じ表現があるからだ。『花の十字架』は同書の参考文献の一つとしてあげられているから、この誤りは『日本女子大桂華寮』が「孫」ということ以外でも、小説である『花の十字架』の記述の内容をそのまま事実と考えている証拠ともいえるのである。

そして、やはり不注意さを感じさせるのは、靖子が久松署から保釈され、それから間もなく自殺したとの記述である。靖子が起訴され市ヶ谷刑務所におくられた事実はなぜか無視されている。このことは当時の新聞をひっくりかえせば簡単に確認できるのだから、出来るだけ事実に即して書いてもらいたかった。

たしかに靖子は『日本女子大桂華寮』の主人公ではない。しかし、同書の中でも靖子の自殺は、主人公の人生をかえた大きな出来事とされている。それだけに以上指摘した点は、どうしても看過し難いのである。

くどくなったが、要するに獄中の靖子は『花の十字架』や『日本女子大桂華寮』でいわれているような状態ではなかった。家族も、そして当局の側も、靖子の気持ちを何とか変えようと必死になっていたのだ。これから、そのことについて述べよう。まず、岩倉家の人々が靖子のためにどのように奔走したかをみる。

## 家族の奔走

靖子の検挙にもっともショックを受けたのはいうまでもなく桜子だったにちがいない。しかし、この聡明で気丈な母親は、娘のためにすぐに動きだした。

検挙当日関西に行っていた桜子は、東京に帰るや、まず教会の信徒仲間で、親しくしていた関屋キヌに相談した。キヌの夫は十二年間にわたって宮内次官をつとめ、昭和八年二月に退官したばかりの関屋貞三郎である。

靖子の検挙の事実は公にされていなかったから、手あたりしだいに誰にでも相談をもちかけるというわけにはいかない。また、岩倉家の親戚関係などをたどれば有力者はかぞえきれないほどいるが、事が事だけにすぐにそういう筋にたよることもはばかられる。その意味では、信仰を同じくし、官界にも顔のひろい夫を持つキヌは、桜子の相談相手としては、うってつけの人物だった。

キヌとの相談の結果、桜子は二人の伝道者に、渋谷署に靖子の面会に行ってもらうよう頼んだ。一人は山室軍平、そしてもう一人は富士見町教会に関係があった本間俊平である。

山室はいうまでもなく日本の救世軍の創始者として知られ、また本間は宮中幹部や実業家、海軍の高級軍人とも関係の深い著名な伝道者であった。いわば日本のプロテスタント界の大立者二人が渋谷署に出かけ、靖子に会ったのである。

桜子が最初に自分で面会に行かず、伝道者たちに渋谷署におもむいてもらったわけは容易に推測できる。靖子が検挙されたことをなんとしても秘密にしておきたい、そのためには目立つ行動は避けなければならない、と考えたからだ。

　これをもって桜子を家名のことだけを大事にする冷たい母親だといったり、あるいは靖子が一族から見放されていたなどと思うのはもちろん理不尽である。むしろ、桜子の苦しい胸の内を思いやるべきであろう。現に四月二十日に新聞で靖子の検挙が報じられ、事が世間に知れわたってしまってからは、桜子はひんぱんに靖子に面会に出かけているのである。

　靖子の兄たち、具栄と具実（注・三兄具方は絵の勉強のため欧州にいた）も母同様に妹のために奔走した。

　具実は渋谷署に、おそらく家族では最初に面会に行き、また、四月二十四日には具栄と具実が二人そろって警視庁に野中警部補を訪れた。当時、靖子は渋谷署にいたが、取り調べは野中らが本庁から出張しておこなっていたから、かれに尋ねれば靖子の様子はわかると思ったのだ。

　さらに具栄たちは関屋貞三郎とも会って相談している。関屋の日記は現在、国会図書館憲政資料室におさめられているが、その五月六日の項には、

「岩倉公及令弟、母堂来訪ス」

　と記されている。さらに、六月十三日の項にはつぎのように記されている。

「岩倉公爵、西郷侯爵ヲ訪フ。共ニ令嬢ヤス子サンノ問題ニツキ見解ヲ述ベタリ」

　岩倉公爵とはいうまでもなく具栄、そして西郷侯爵とは桜子の兄従徳《じゅうとく》である。この

日記の文面からは関屋が二人を訪問したように読めるが、要するに岩倉家に関係の人々は靖子のことで鳩首協議をかさねていたのである。『日本女子大桂華寮』がいうように「警察におまかせ」などということはまったくなかった。

また、七月にはいると、具栄は今度は桜子とともに東京地裁に出かけ、共産党関係の裁判を担当していた宮城実裁判長や、靖子の取り調べを担当した思想検事の市原分に面会した（注・戦前、検察は組織上は裁判所に属していた。ただし、指揮、監督は司法大臣がおこなった）。被疑者の家族が判事や検事に個人的に会うなど、普通ではありえないことだろうが、具栄たちはコネを最大限に利用し、また宮城や市原は岩倉公爵家の名前に敬意をはらったのだろう。

## 肉親の情

警察や検察などの取り締まり当局も、こういう靖子の家族たちの行動を歓迎した。なぜなら、それをもって靖子を転向させることができると期待したからである。当局は「肉親の情」を最大限に利用しようとした。

当然、靖子の取り調べの際にも、「母上のことも考えろ」とか、「家名が傷ついてもいいのか」といったセリフがふんだんにつかわれたことだろう。

そのころ警視庁特高部長だったのは、のちに鈴木貫太郎内閣で内務大臣となる安倍源《げん》基《き》だが、かれは回想記『昭和動乱の真相』でつぎのようにいっている。

「良家の子女や学生などの転向の動機は一様ではなかったが、家庭愛ことに母性愛にほだされて、理論はともかくとして、父母兄弟を悲しませるに忍びないという心境から転向するものが最も多かった」

肉親の情に訴えて泣き落とすのが、もっとも効果的だったというわけである。だから、当局の側も検挙したものたちを積極的に家族に会わせた。安倍の下で特高係長だった毛利基《もとい》は、戦後になって『地下共産党・追ふ者追はれる者』と題する文章の中でこんなことを書いている。興味深いので少し長めに引用する。

「昭和七年頃のことだが、或る華族の息子を検挙した処、その華族の家令か、執事をやつて居る人が訪ねて来て、

『私の処の主人が調べられて居るさうですが是非帰して貰ひたい。御当人の母は、非常に心配されて、早くお前行つて引き取つて来い、と云はれて来ました。母と云ふ方は、今宮中に、女官として務めて居られるので、一層心を痛めて居ります。』

この華族は公卿華族で、父は暫く前に病死せられ、母子二人の生活であつた。

『さうした御家庭なら定めし御心配でせう。それ程心配されてゐながらなぜ御自分で御出にならないのでせう。是非御出になつて本人の今の姿を見らるゝことは、私の百万言よりもよく判りますから御出になる様申されたい。』執事の方は、私の意を諒として、辞去し、翌日来られて云ふのには、

「あなたの話を申し上げました処、自分は不浄役人の処には行かれないと申され、どう

しても御出でになられません。」

不浄役人と云へば、徳川時代に十手取縄を持つ岡つ引を指して云ふ上流階級の用語であつた筈だ。小説や講談本では御目にかゝつた言葉だが、面と向つて不浄役人呼ばゝりされたのはこれが最初で且つ最後であらう。私も昂奮を感ぜざるを得なかつた。

『不浄役人とは恐れ入ります――。側近に仕へされる身が、不浄役人に会ふ事が悪いと考へられるなら、その不浄役人の手に懸つて捕へられる子を持つ親はどうでせうか。母親の方は子が可愛いのか、自分が可愛いのか、恐らく自分の立場のみを考へて居るからさうした態度をとられるに違ひない。世の多くの母親は身を殺しても子を救はんとする切ない気持ちになるのに、何と云ふ冷淡な母親の方でせう。よく判りました。この事件は私共は勝手に取扱ひは出来ませんから、と私の今申した言葉をそのまゝ伝へて貰ひたい。いづれ新聞にも出るかも知れませんから悪しからず。』と申して別れた。

その翌日、母親がやつて来て色々と詫び言を聞かされた」

毛利は不浄役人よばわりによほど腹をたてたようだが、それはご愛嬌として、特高が思想犯の若者たちを「改心」させるために、親、とくに母親を最大限に利用しようとしたさまが、この毛利の文章からよく分かるだろう。

毛利が述べているのは多分、山口定男母子のことかとも思われるが、そうだとすると、「公卿華族」とか「母子二人」とか事実と違うところもある。しかし、いずれにしろ毛利たち特高は、華族であろうがなんであろうが、自分たちの弾圧の網から絶対に逃がさないとの決意に燃えていたのである。そういうかれらにしてみれば、催促せずとも検挙された娘のために奔走してくれる岩倉公爵一家は、きわめて扱いやすかったにちがいない。

## 新派大悲劇

特高などが肉親の情を利用できたのは、もちろんそれを可能にする社会的風土があったからである。親は親、子は子、という割り切り方を許す雰囲気は、戦前の（そして多分現在も）日本の社会にはなかった。

いや、なかったと言い切ってしまうのは間違いかもしれない。たとえば西園寺公望の秘書だった原田熊雄男爵は、斎藤実内閣の柴田善三郎書記官長が、次男が思想犯として検挙されたことを理由に辞任したことについて『西園寺公と政局』にこう記している。「息子に共産主義者が出たからといって、すぐに親たる者が重大な責任ある地位を捨てて『恐懼に堪えない』とか或はなんとか言って、辞めてしまうという風習は、表面から見れば、すこぶる親として責任を重んずる我が国体から考えて、一応然るべきように思われるけれども、事実は甚だ面白くない。そういう慣習を作ることはよくないという議論の方が勿論多いのであるが、ただ問題が非常にデリケートであるために、皆があれこれ言い出さないだけのことである」（昭和八年一月二十一日口述）

奥歯にもののはさまったような言い方だが、これは宮中リベラリストグループの一員だった原田の本音であり、おそらくかれの主人西園寺も同じように考えていたのだろう。しかし、時代はもはやこうした「正論」を声高にはくことをゆるさなかった。「デリケート」な問題について、人々が「あれこれ言い出す」ことはできなくなっていたのである。

新聞もまるで新派大悲劇のように、「肉親の情」を思いいれたっぷりに持ち出し、このような空気をあおった。

これはある思想犯が釈放されたことを伝える記事の見出しである。

「月光のもとに『お母さん！』　相抱いて泣く　転向の○○○○○ゆふべ執行猶予の恩典で出獄」（昭和八年十一月三日付『時事新報』）

五つの○の箇所は原文では埋まっているが、それが何という文字か当てることのできる人はまずいないだろう。母と抱き合って泣くのだから、女子大生か少年の名前あたりが入ると思うのが普通だ。

ところが実はここに入っているのは「大塚元教授」という五文字なのだ。大塚元教授、すなわち東京商大（現・一橋大学）元教授大塚金之助である。

大塚は当時四十一歳。昭和八年一月、治安維持法違反容疑で検挙された著名な経済学者で、所謂「講座派」の名のもとになった『日本資本主義発達史講座』の編者の一人でもあった。そのころの言い方でいえば高等官三等の官立大学教授で、従五位の位階さえあたえられていた。それが安手の「母もの」の主人公にまつりあげられているのである。

若い思想犯などの場合、周囲がよってたかって「肉親の情」を持ち出し、がんじがらめにしたことは、この大塚のケースからも類推できるであろう。靖子についても例外ではなかった。官憲と家族は結果的に手をたずさえて、靖子を翻意させようと必死になったのである。

## 起訴留保処分

しかし、靖子はなかなかその期待にそわなかった。検挙後ひと月たちふた月たっても、態度をかえなかった。そして、特高や検事もまた、この靖子に辛抱強くつきあったのである。

渡部徹編の『一九三〇年代日本共産主義運動史論』におさめられている西川洋の論文「共産党員・同調者の実態」によれば、治安維持法違反容疑で検挙されたものが起訴される場合、検挙から起訴までは普通一、二カ月だという。たしかに靖子と同じ時期に検挙された森俊守は検挙から七週間で起訴されている。ところが、靖子は三カ月以上、起訴されずにいたのである。

なぜ、当局はこれほど時間をかけたのか。いうまでもなく、靖子は運動の中では小物である。いくら時間をかけて取り調べても、価値ある情報などは得られるはずもない。それなのになかなか起訴まで持ちこまなかったのは、当局がなんとか靖子を転向させ、起訴せずにすまそうと躍起になっていたからにほかあるまい。

では、なぜそれほど躍起になったのか。理由は二つ考えられる。一般的な理由と個別的理由である。

まず一般的理由からみよう。簡単にいえば、日本の検察当局は思想犯の取り締まりにあたって、法律どおりに罰し重刑を科すよりは、転向を認め、それを助長する方針をとっていたのである。これはナチスが共産党弾圧に仮借のない暴力をもってのぞんだのとよく対比されるが、ナチスは肉体を殺し、日本は精神を殺す道をえらんだといえるかもしれない。

さらにとくにこの当時、取り締まり当局は、思想犯の中でも教育程度の高い若者はできるだけ起訴せず、取り調べの過程で転向を誓わせて釈放するとの方針をとっていた。もちろん、転向を誓っても無条件で放免というわけではない。ここでさかんに利用されたのが「起訴留保処分」という制度である。

これは正式には昭和七年十二月二十六日に発せられた司法大臣訓令にもとづくもので、起訴猶予処分の一種である。被疑者本人には起訴とも起訴猶予ともいわずに釈放し、身元引受人か警察官が半年から一年観察をつづけ、「反省の色」が見えた、つまり本当に転向したと当局が判断したら起訴しないとの仕組みになっていた。

いわば「アメとムチ」の制度で巧妙とも陰険ともいえるが、それと同時に実に不公平なものでもあった。なぜなら、この処分が適用されるのは学生や上流階級の若者だけで、労働者などは対象にならなかったからである。

前出の宮下弘『特高の回想』には、その運用の実態がつぎのように述べられている。

「あんまり起訴留保というのがふえるので、これはなんらかの基準をもうけなければいけないということになって、検事局の思想部長の名前で、当時特高係長の毛利（注・基）さんのところへ指示がきた。それは、学生であって改悛の情があると認められる者、というものでした。これは起訴留保処分とする、というのですね。たとえ共産党員であっても、共青同盟員であっても、です。したがって、労働者はこのかぎりにあらず。こういう指示がきたんです。（中略）とにかく、こういう指示が検事局から出て、特高であるわたしたちは、おもしろくなかった。なんだ、これでは司法が階級的であるとハッキリ示しているようなものではないか、と（笑）。（中略）（大学生である）細胞のキャップが起訴留保で、この男に誘われて共青や党に入った者が起訴。こういう変なことが起きてくる。おかしいじゃないか、とわれわれはおもうわけです。

で、毛利係長に、これはあんまりおかしい、とわたしは言いました。すると、うーん、それではまあ、こちらもそのつもりでやろうじゃないか、改悛の情の顕著な労働者は検事局へ送らないで、われわれのところで釈放してしまおう、と（笑）」

なんともいい加減な話だが、それはともかくとして、具体的な数字をみても、検挙された思想犯のうちで起訴されたものはごく一部だということが分かる。

前出の西川論文によれば、昭和五年から九年までに全国で治安維持法違反容疑で検挙された人数は四万七千八百七十人。このうち起訴されたのは三千二百十七人、率にして六・七％に過ぎない。

靖子が検挙された昭和八年にかぎると、検挙者総数一万四千三百十八人、起訴総数千二百九十四人であり率は九％にあがるが、それにしても検挙者の中で起訴されるものは絶対的に少数なのだ。のこりの多くは起訴留保処分を受け、釈放された。

もちろんこれは、治安維持法の「目的遂行罪」の無差別な適用により、検挙人員がどんどん増加していった結果でもあるが、それとともに「アメとムチ」を巧みに使い分けた当局の思惑がみごとにあたったこともしめしている。

当局は靖子にも同じ手を通用させようとさんざん粘った。これが靖子がなかなか起訴されなかった理由の一つである。

## 東伏見宮妃周子

では、靖子の起訴に時間がかかったもう一つの個別的理由とは何か。

それはやはり当局が靖子の血筋に気をつかったということである。獄中での靖子がいかに慎重にあつかわれたかについてはのちに述べるが、当局の気のつかいかたは尋常ではなかった。

もっとも、靖子がただ華族の女性というだけでは、当局もそれほど手加減はしなかったろう。たしかに靖子は公爵の妹であり、維新の元勲の曾孫だった。母の兄は侯爵だし、叔父の一人は実業界の大物でもある男爵だ。そのほかにも、親戚、姻戚関係をたどれば各界の有力者がぞろぞろいる。

しかし、これだけでは靖子に先立って起訴された森俊守や八条隆孟と、本質的には変わらない。係累の華やかさからいえば岩倉家はずば抜けているが、森家も八条家も親戚筋には華族がたくさんいるし、二人の父親は現役の貴族院議員でもある。

靖子が二人と決定的にちがったのは、近い親族に皇族がいたことであった。それは東伏見宮依仁親王妃周子、岩倉具定の長女、つまり靖子の父具張の姉にあたる女性である。

周子の夫依仁親王は、伏見宮邦家親王の王子として慶応三年に生まれた。伏見宮家は北朝第三代崇光天皇から出た古い宮家で、明治天皇との血縁関係はきわめて薄かったが、明治になって皇室の基盤をかためるために伏見宮家の王子たちが新しい宮家をつくった。梨本宮、山階宮、久邇宮、北白川宮などがそれだが、邦家親王の十七番目の男子だった依仁親王も、明治三十六年、東伏見宮家をたてたのである。

依仁親王は英仏両国に留学し、海軍士官になるための教育を受けた。そして帰国後、土佐藩主だった山内侯爵家の娘と結婚したが離婚し、明治三十一年、周子と結婚した。海軍では大将まですすんだが、大正十一年に死去、同時に元帥府に列せられた。

以後、周子は未亡人となったわけだが、皇族妃は夫が死んでも皇族であることにかわりはない。さらに昭和天皇との関係をいえば、皇后良子《ながこ》の祖父は依仁親王の兄久邇宮朝彦親王だから、周子は天皇の義理の大叔母ということにもなる。昭和二十二年十月十四日、当時、最高齢の皇族として、ほかの十の宮家の人々とともに皇籍を離脱するまで、天皇家の一員としての待遇を受け続けた。

弟の具張が不祥事をおこしたあと、周子は義妹桜子母子のためにさまざまな気配りをした。

## 当局の本音

具栄は「思い出の日々」の中で、こう書いている。

「周子妃殿下は私の父の姉に当る方で、淑徳のほまれ高く、私達も時々伺候して、可愛がっていただいた。

ある新聞は、妃殿下は私が一高に居て、世に出るのを待って居られると報じたそうだが、その御期待にそむかないことこそ故殿下に対しても私の義務なのであった」

具栄と藤堂伯爵家の娘良子の縁談をまとめたのも周子である。具張のことが原因で、華族社会では岩倉家に警戒の目をむけるものも多かったから、周子はそれをやわらげるべくいろいろと苦心したことだろう。

それだけに、靖子の検挙が周子にあたえた衝撃はものすごかったにちがいない。具張の放蕩、家産蕩尽を知ったときと同様の、いやそれ以上のショックをうけたことが想像できる。

が、周子は桜子や具栄たちのように靖子のために奔走することはできなかったはずだ。明治憲法下においても日本は立憲君主国であり、皇族たちは現実の政治から超越した立場にいる建前になっている。ましてや周子は女性であり、さらに靖子は天皇制を否定する共産党に関係したとして検挙されたのである。皇族妃周子の存在がはなれなかったことは確実である。

しかし、靖子を捕らえた側の念頭から、皇族妃周子の存在がはなれなかったことは確実である。ことがことだから、それを直接に証拠だてる資料などは残っていないが、たとえば靖子のことを報じた新聞各紙が周子についてはまったく触れなかったのは、当時の新聞と官憲の関係を考えれば、当局が周子にいかに気をつかっていたかを間接的に証明する事実といえるだろう。

特高警察も検察ももはや華族にたいしては遠慮しなくなっていた。それどころか下層階級の出身者が多い第一線の特高などは、「赤化」した華族の子弟への敵意をむきだしにさえした。しかし、そんなかれらにとっても、皇族は別格の存在だった。文字通り「雲の上の人」である。神聖にしておかすべからざる人種とまでは思わないにしても、天皇の一族を、天皇の「臣下」にすぎない華族とおなじようにあつかうわけにはいかないことは当然だった。どんな形にしろ、かれらをスキャンダルに巻きこむことは絶対に避けなければならない。もしそんなことになれば、皇室の尊厳が傷つくのみならず、特高や司法当局もどんなとばっちりをうけるか分かったものではない。

こういう面倒がおこりうることについて、特高や検察は靖子を検挙する前に十分に検討したはずである。それにもかかわらず検挙に踏み切ったのは、法の適用にあたって例外はみとめられないといった建前もあったろうが、やはり靖子のことを甘くみていたからではなかろうか。

特高や検事がはじめにえがいていた筋書きは、つぎのようなものだったにちがいない。靖子を検挙する。一、二週間、留置場にほうりこむ。母親をつかって泣きおとして改心させる。そして釈放する——これならば、世間にも完全に秘密にできるだろうし、周子をごたごたに巻きこむこともない。

実際には靖子の検挙は一カ月もたたないうちに新聞ですっぱぬかれ、秘密をまもることはできなかったが、そうなっても靖子を起訴し裁判にかけることはやはり避けたい。皇族の姪が思想犯として法廷に引き出され、世間の好奇の視線をあびることなど想像するだけでもおぞましい。とにかく、靖子に一日も早く非をみとめさせ、さっさと釈放してしまいたいというのが、当局の本音だった。

## 中溝三郎の場合

以上のふたつの理由で当局は靖子を改心させるべく苦心した。しかし、いくら時間をかけても靖子の態度は変わらなかった。一向に「改悛の情」をしめさなかったのである。

もちろん、靖子が「転向」を表明したとしても、それを官憲がみとめなかったらそれまでのことである。転向については鶴見俊輔の「権力によって強制されたためにおこる思想の変化」という有名な定義があるが（『共同研究　転向』）、本当に転向したかどうかを判断するのは本人ではなく権力の側である。宮下弘は『特高の回想』の中で「自分の陣営に被害を与えない程度の陳述しかしない人間は、いくら転向しますと口でいってもダメだ」と述べているが、実のない供述しかしないものは転向したとはみなされなかった。

靖子の場合も、いくら早期釈放が官憲にとっても望ましいとはいえ、そのへんをあいまいにするはずはない。ある程度、官憲の意にそって態度をあらためなければ、釈放するわけにはいかなかったろう。

しかし、問題はそのある程度がどの程度かということである。明文化された規定があるわけではないし、担当の特高や検事の恣意によるところも多いだろうが、靖子たちに関しては、やはりかなり甘い線がひかれていたのではなかろうか。そう考えるのは男爵中溝三郎のケースがあるからだ。

中溝が検挙されたのは昭和八年九月十五日である。他の「赤化華族」よりも大分あとに検挙されたのは、中溝が京都で活動していたからだが、その活動ぶりについて前にも引用した皇宮警察部報告はつぎのようにいっている。

「学習院高等科ヨリ、京大政治経済《ママ》科ニ入学、本年三月卒業ス。高等科在学中ヨリ、社会科学ヲ研究シ次第ニ共産主義思想ノ持主トナリ、党家屋資金局ノ線下ニ在ル所謂学習院班ニ関係シ、党資金約三円ヲ提供シタル外、学習院出身者ニシテ京大ニ在学スル者ノ資金網組織結成ヲ命セラレ、同大学々内運動ト結ビテ相当活躍シ居リタリ」（『木戸日記』昭和八年九月十九日別紙）

これから判断するかぎり、中溝は京都における学習院関係の共産党シンパ網の中心人物であり、その活動ぶりは少なくとも靖子と同程度、多分それ以上に派手だったと思われるのだ。

ところが中溝は検挙後一週間もたたない九月二十一日、起訴留保処分を受け、即日釈放されてしまうのである。このように寛大な処分がおこなわれたのは、中溝が官憲の期待にそった供述をおこない、宮下弘流にいえば「自分の陣営に被害を与え」る手記を書いたからにほかならない。中溝の手記はやはり『木戸日記』の九月二十六日の項に、おそらく要約された形で転記されているが、関係者の名前などを詳しく述べた内容である。

さらに検挙された当時、中溝が多分、運動から足を洗っていたことも当局の心証をよくしたのかもしれない。

前章の最後で中溝については面白い挿話があると書いたが、検挙の数日前、九月十日の『報知新聞』に、かれがバス会社の操車係になったという記事が載っているのである。学習院から京都帝大まで出た男爵がバス会社の現場ではたらいているというのだからニュースバリューはもちろん満点であり、操車係の制服姿の中溝の写真つきで完全に美談じたての記事になっている。

それからすぐに検挙の記事が同じ『報知』に載ったのだから、読者はさぞ驚いたろうが、写真まで撮らせたのは、中溝がすでに運動と絶縁していたからだろう。それが早期釈放につながったと思われる。

また、中溝が検挙されたころには「赤化華族」についての捜査がほぼ終わり、中溝を長く勾留しておく理由もなくなっていたということもあろう。が、それにしても中溝への処分は甘い。これから推測すると、靖子の場合も特高や検事はかなり甘い線で勘弁するつもりでいたといえるのではないか。中溝のように「内容」のある手記を書き、運動から手を引くといえば、すぐにでも起訴留保、釈放となったにちがいない。

しかし、結局、靖子は頑として態度をかえなかった。家族も当局もほとほと困り果てたことであろう。

# 第六章　市ヶ谷刑務所へ

## 「赤化華族」たちの釈放と最高幹部の転向

靖子が当局と対峙している間に、ほかの「赤化華族」たちの処分はつぎつぎに決まっていった。

まず四月七日に八条隆孟が、そして五月十八日に森俊守が起訴された。この二人はなかなか精神的に強かったようだから、取り調べにも当初は妥協のない態度でのぞんだのだろう。また、「目白会」や「ザーリア」でも中心的役割を果たしていたから、起訴されるのは免れなかった。

しかし、あとの「赤化華族」たちは、しばらく留置場にぶちこまれたあと、つぎつぎに転向を表明して釈放された。小倉公宗は検挙されたのはおそかったが、釈放は五月二十四日と早かった。靖子と同時期に検挙された山口定男、久我通武、上村邦之丞の三人は、それぞれ六月十五、十六、十七日に警察から自宅に帰ることが許された。また、亀井茲建も六月三十日に釈放された。さらに中溝三郎については前章の終わりで述べたとおりである。

ほかの「赤化華族」たちがこうして転向していったことを、特高などは靖子を揺さぶるために積極的に告げたことだろう。

さらにこのころ、特高が靖子の動揺を誘う武器として用いたにちがいない、もう一つの出来事があった。戦前の日本共産党は昭和七年末ごろまでに、すでに組織としての体をなさなくなっていたが、この出来事によってさらにガタガタになった。それは、最高幹部だった佐野学と鍋山貞親の転向表明である。

佐野と鍋山は第二次共産党を壊滅させた昭和四年の「四・一六」事件の直後、相次いで検挙されたが、そののちも転向せずに獄中指導部を組織し裁判闘争をおこなっていた。佐野はインテリ出身、鍋山は労働者出身だったが、ともに日本共産党草創期からの幹部であり、一般党員やシンパたちには信念を曲げない勇敢な共産主義者とみられていた。

ところが、実は佐野は昭和七年秋ごろから転向を考え始め、東京地裁検事局の平田勲思想部長に上申書を出したりしていた。平田らは佐野を鍋山に何回も会わせ、同調するように誘わせた。そして、意見の一致をみた二人は六月八日、連名でコミンテルンの指導や、「天皇制打倒」というスローガンを批判した転向声明『共同被告同志に告ぐる書』を発表したのである。

思想検事たちは「してやったり」と大喜びした。そして、もちろんこれを最大限に利用した。六月十日付の新聞各紙や月刊誌『文藝春秋』『改造』の七月号に『共同被告同志に告ぐる書』の要旨や全文を掲載させると同時に、獄中の党員、シンパにこれの写しを配り、また保釈中のものたちにも感想を言わせたのである。

共産党は六月十六日付の『赤旗』で、佐野、鍋山両名を「即時党籍より除名し、一切の党組織及び機関より放逐」した旨の中央委員会決議を発表するとともに、「在獄の同志大多数は検事局と裏切者の甘い誘惑を一蹴してみんな元気で闘つてゐるぞ」と強がったが、当局の巧妙な作戦の効果は絶大だった。佐野、鍋山に続いて、やはり共産党幹部だった三田村四郎、高橋貞樹、中尾勝男らも転向を表明し、河上肇も思想としてのマルクス主義は信奉するが、実践運動からは手を引くことを明らかにした。七月末までに獄中にいた共産党関係の未決、既決囚のほぼ三分の一が転向を誓ったという。

靖子にも特高は当然同じことを期待しただろう。一方では「赤化華族」たちの転向、保釈、そして他方では佐野、鍋山という大幹部の転向である。靖子に加えられる精神的圧迫は、このころクライマックスに達した観がある。

### 動揺

こういう中で、靖子がまったく動揺しなかったわけはない。まだ二十歳の女性が二カ月半にわたって留置場に閉じこめられ、「肉親の情」やら「家門の名誉」やらで、さんざん「転向しろ、転向しろ」と責め立てられたあげくのことである。平常心でいられたらかえって不思議というものだ。

現に山口、上村が転向したことを報じる新聞（『万朝報』六月十九日付）はその記事の中で靖子にも触れ、「野中警部補の懇切な訓戒によって過去の罪を痛感した彼女は、数日前、転向を誓ったので近日中に釈放されることとなつた」と書いている。

たしかにこのころ、靖子が久松署に面会に来た桜子に対して、「過去の思想は完全に捨てました」と語ったという事実はあったようだ。それを知った野中たち特高がよろこんで「岩倉も転向した」と新聞記者にしゃべってしまったのだろう。

しかし、結局、その靖子の態度の変化は当局を納得させるところまではいかなかった。おそらく靖子は共産主義思想を捨てたり、実際の活動から手を引くことを口頭では誓っても、「五月会」の活動や仲間について具体的な供述をしたり手記を書いたりすることを、どうしても肯んじなかったのであろう。

これでは当局も譲るわけにはいかない。被疑者が転向したかどうかを判断するのは、本人ではなく検事や特高である。肝心なところで妥協しない靖子に、当局はとうとうサジを投げた。起訴が決められた。

## 根回し

しかし、ここでも靖子の特別の立場ゆえに、ことは簡単には運ばなかった。根回しが必要だったのである。

それがどのような形でおこなわれたか、『木戸日記』の昭和八年六月二十八日の項にある、つぎの短い文章の示唆するところは大きい。

「広幡侯と会談。岩倉令嬢（靖子）の聴取書を見る」

木戸幸一（侯爵）は明治維新の立役者のひとり木戸孝允《たかよし》の孫で、学習院高等科から京都帝大法学部に進み、卒業後、農商務省（注・のち商工省と農林省に分かれる）に勤務した。華族にはめずらしい能吏型で、商工省臨時産業合理局第一部長兼第二部長にまで出世したが、昭和五年、内大臣秘書官長に転じて以来、宮中で活動することになる。八年八月二十四日には宮内省宗秩寮総裁も兼任したが、この日記を記したときはまだ内大臣秘書官長専任だった。

そして木戸と会見した広幡侯とは広幡忠隆侯爵である。西園寺家などとならぶ清華《せいが》という家格の高い堂上華族だが、東京帝大法学部を卒業してから、木戸とおなじく官吏となった。そして逓信省管船局長をつとめたのち、昭和七年九月に皇后宮大夫兼侍従次長に就任した。

宮内省の各部局には華族もいればそうでないものもいた。しかし、のんびりした「お公家さん」や「お殿様」の子孫たちだけで仕事がすすむわけはないから、とくに昭和になってからは宮内大臣や侍従長などをはじめとする最高幹部には、高級官僚や軍人の古手が就任することが多かった。この当時も、宮内大臣は内務次官や会計検査院長などを歴任した湯浅倉平、侍従長は海軍大将鈴木貫太郎だった。が、宮中の仕事は特殊なものだから、できることならば華族で有能なものが幹部にいることが望ましい。その意味で木戸と広幡は理想的な宮内官僚だった。

したがって、この二人が「赤化華族」問題のような、処理の仕方によってはとんでもないことに発展しかねない事柄の処理にあたったのは当然ともいえよう。華族の身分に関することは本来なら宗秩寮総裁が管掌するところだが、事態はそういう通常のやり方では手に負えなくなっていることを、宮中の首脳たちは認識していた。

『木戸日記』の八年五月二十四日の項には、つぎのような一節がある。

「午後六時より十一会を開催（中略）赤の問題、特に華族の子弟の赤化問題」

「十一会」とは大正十一年十一月十一日に十一名の華族の官僚などが集まって作った私的な集まりである。当初のメンバーは近衛文麿、木戸幸一、佐佐木行忠、酒井忠正、黒木三次《さんじ》、柳沢保承《やすつぐ》、有馬頼寧《よりやす》、相馬孟胤《たけたね》、織田信恒、裏松友光、原田熊雄で、広幡や岡部長景《ながかげ》などがのちに加わった。いずれも政官界、軍部などの裏面に通じており、私的な会とはいえ、情報交換の場として重要な意味があった。木戸たちがかなり早い時点から「赤化華族」問題で動きだしていることが、これから分かる。

さらに『日記』によれば、翌二十五日、木戸は学習院院長の荒木寅三郎と会見し、「赤化学生」対策について話し合っている。また、木戸が出席した六月二十一日の学習院評議会に池田克司法省書記官が招かれ、学習院関係の「赤化事件」の様子を話していることも『日記』にある。広幡側の資料はないが、あるいは荒木院長との会見のときなどは、広幡は同行したかもしれないし、評議会にもかれが出席していた可能性がある。

靖子の件の処理はこうした動きの延長線上にあったわけだが、木戸と広幡は靖子の聴取書を前にして頭を痛めたことだろう。一般官庁の高級官僚だったかれらには、靖子の起訴が法的にはやむをえないものであることは容易に理解できる。しかし、皇族の姪で、遠いとはいえ天皇との姻戚関係もある公爵家の娘を、思想犯として裁きの場に送ることがどれだけ面倒な問題なのかも、また容易に分かる。そこで根回しが始まった。

もちろん記録があるわけではないから、根回しの相手や内容について推測になるが、まずかれらは東伏見宮家に出かけたはずだ。靖子が起訴されるにいたった経緯について周子妃に詳しく話し、理解をもとめたにちがいない。また、岩倉一門、西郷家などにもひそかに起訴やむなしとの判断を伝えただろう。

さらに時間的な前後はともかく、二人は昭和天皇にも同じことを報告したはずである。最終章でくわしく述べるが、天皇は「赤化華族」の事件にひとかたならぬ関心を持っていたことが、「赤化華族」の処分が問題になったころの『木戸日記』の記述から分かる。その天皇が「赤化華族」の中でも、皇后の大叔母にあたる周子の姪の靖子のことに、とくに関心を寄せていたことは確実である。

木戸たちの報告をうけた天皇がどのような反応を示したかは推測するしかないが、かなり踏み込んだ指示をかれらにあたえた可能性が強い。起訴は仕方ないにしても、周子がこれ以上の衝撃をうけないように万全の配慮をおこなうようにいったのではないか。「赤化華族」問題に対して、のちに昭和天皇がとった態度からみて、こう推測することはそれほど無理ではない。

木戸と広幡は天皇の意をうけて、早速、警察や司法当局に連絡をとったであろう。そして、起訴後の靖子の取り扱いなどについて強い要望をおこなったと思われる。その要望の具体的内容はなにか。さらに推測を重ねれば、それは靖子が起訴されたことが世間に知れわたらないように万全の措置をとることであった。刑務所での慎重な扱い、報道関係への適切な配慮、それを木戸たちは強く申し入れたと思われる。

この推測を裏付ける資料があるわけではないが、すぐあとで詳述する市ヶ谷刑務所で靖子が受けた異例の処遇、そして靖子に関する新聞報道の奇妙さは、こうとでも解釈しなければ説明できないのだ。

以上のような経過を経て、靖子の起訴は確定した。桜子と具栄が東京地裁の宮城裁判長に会ったのは七月一日だが、このとき宮城は「検事局は靖子さんを起訴することを決めました」と言った。木戸たちの根回しも六月いっぱいには終わっていたのだろう。

そして七月七日、奇しくも四十九年前の明治十七年、祖父具定に公爵の位を授ける華族令が公布されたのと同じ日に、靖子は正式に起訴され市ヶ谷刑務所に送られた。

## 市ヶ谷へ

東京監獄とも呼ばれた市ヶ谷刑務所は、江戸時代に日本橋小伝馬町にあった牢屋敷の後身である。靖子が寄宿していた牛込若宮町の古河家からも近い市谷台町にあった。明治八年にその地に移転して以来、普通の囚人とともに多くの思想犯も収容してきた。かつては絞首台もそなえており、大逆事件の幸徳秋水、管野すが子らの死刑はここで執行されたが、靖子が移されたころには主として治安維持法関係事件の未決囚を入れるために用いられていた。

この中の独房で靖子は約五カ月を過ごした。彼女がその日々をどのような心境で送ったかについては次章にゆずり、ここでは靖子が刑務所内で受けた異例の処遇と、彼女に関する新聞報道について述べておこう。そうすることによって、靖子の立場の特異さ、微妙さをうきたたせることが出来るからである。

まず『岩倉具栄とその時代』におさめられている「岩倉君と私」という文章の一節を引用する。

「私たちは、故人となった佐野学氏、徳田球一氏、鍋山貞親氏などの房を小窓越しに見て歩いた。これらの巨頭たちの房は二階であった。

一階の女囚房に降りて行った時、看守は名簿を開いて『山村良子』という名を示し、実はこの方は岩倉公爵のお妹御です、と秘密を明かしてくれた。

監房の囚人は、看守や係官が通路に立ち小窓を通して中を見ると、必ず振向くものであるが、この時、私たち裁判官に顔を向けなかったのは、佐野学氏と山村良子さんの二人だけであった」

この文章を書いたのは、第三章で八条隆孟の公判の陪席判事として名前の出た武藤富男である。武藤は一高時代からの具栄の同級生で、東大卒業後、裁判官となった。そして東京地裁刑事第一部の判事として共産党関係の事件の公判を担当していたが、昭和八年秋のある日、審理の参考にするために市ヶ谷刑務所をおとずれたのである。第一部の垂水克己部長判事と小木貞一判事も一緒だった。

さて、武藤の文章で注目すべきは、刑務所の中で靖子が「山村良子」という仮名をつけられていたというところである。

既決、未決を問わず刑務所に収容されている囚人には、昔もいまも「称呼番号」という番号がつけられる。例外はない。そして、刑務所内の日常すべてのことについてこの番号が用いられる。簡単にいえば、刑務所の中では人間は名前を失い数字になるのである。

こうしておけば管理がしやすいのみならず、囚人たちがお互いの素性を知ることもふせげる。囚人には面会も認められているし、手紙をだすこともできるから、刑務所内で囚人の実名を用いれば、どこのだれが収監されているかは、外の世界につつぬけになってしまう。「称呼番号」制度はそれを未然に防止するのである。

もちろん、実際には雑居房もあるわけだし、既決囚は作業もさせられるのだから、だれが収容されているかということを完全にかくすのは不可能ではある。しかし、靖子のように独房にいれられ、未決のために作業にもでないものの場合、番号で呼ばれているかぎり、その正体がほかの囚人たちに分かる可能性はほとんどなかったといっていいだろう。

ところが武藤の文章にあるように、靖子は番号以外に「山村良子」という名前をあたえられていたという。刑務所行政を担当する法務省矯正局によれば、たとえば在日外国人などで本名と通称の両方をもちいている受刑者が、刑務所の書類に二つの名前でのることはあっても、それ以外の場合、本名ではない名前が名簿などに記載されることは、戦前、戦後を問わず考えられないとのことだ。「称呼番号」があるかぎり、そんな必要はないのである。

では、靖子が本名ではない名前で名簿に載っていたというのは武藤の記憶ちがいなのだろうか。しかし、あらためての問いに対しても武藤ははっきりとこの事実を肯定したし、プロの法律家であるかれが、このようなことを勘違いしている可能性はひじょうに低い。市ヶ谷刑務所で靖子が「山村良子」だったことは、本当だと考えるしかないのである。

となると、なぜこのような異例なことがおこなわれたのかという問題になる。これに対する合理的な答えはただ一つしかありえない。当局は岩倉靖子という公爵家の娘が思想犯として収容されていることを、囚人のみならず刑務所側の人間たちにさえ秘密にするために、「山村良子」という架空の女性を作り出したのだ。

看守たちは囚人に接する際、「称呼番号」で呼ぶ。しかし、たとえば「〇番」の囚人の名前が何で容疑はどういうものかということを、かれらは名簿などをみることで容易に知りえた。当局はそれさえも防止するために、靖子に仮名をつけたのである。武藤たちを案内した看守が、「山村良子イコール岩倉靖子」ということを知っていたのは、おそらくかれが看守の中でも上級の地位にいたからだ。東京地裁から判事が何人も視察に来たのだから、刑務所側も気をつかって幹部クラスが案内したはずである。かれらには所長あたりが秘密を明かしていたのだろう。

しかし、一般の看守などにたいしては、断固として秘密が守られた。囚人の名簿を見ても岩倉の「い」の字もなく、山村良子という女囚の名前しかのっていないのだから、かれらが靖子が収容されている事実を知るすべはないのである。当局の「靖子隠し」は徹底していた。

刑務所という規則ずくめの世界でこのような異例の措置がとられたのは、やはりどこかから拒むことのできない圧力がかかったからであろう。そして、そのような「超法規的」措置を可能にする圧力をかけえたのは、木戸や広幡ら宮中筋だったと考えるのは不合理ではあるまい。

## 新聞報道の奇妙さ

もう一つこのような圧力の存在を示唆するのは、靖子についての新聞報道の奇妙さだ。もっとも靖子についての報道がおかしかったのは、以下にみるように起訴以前からだから、木戸、広幡の「根回し」とすべて関係づけることはできない。しかし、起訴前後からそれが決定的になったことをみれば、かれらの動きが新聞報道にも影響をおよぼしたことは確かである。

ここではすこし時間をさかのぼって、靖子関係の新聞報道を追ってみよう。

靖子が検挙されたことが初めて新聞紙上にあらわれたのは検挙から三週間たった四月二十日で、報じたのは『報知新聞』朝刊である。社会面トップで四段抜きの見出しと靖子の写真がついている記事だが、見出しだけを引用する。

「岩倉公爵の令妹　突如検挙さる」
「久我男爵の令息等四名も」
「華冑界に未曾有の嵐」
「日本女子大に学び　昨春中途で退学　家庭にあつた靖子嬢」
「世間を騒がせて　申訳がない　今後行末を考へてやりたい　嬢の令兄具実氏談」

見出しだけを引用したのは、この記事には見るべき内容がほとんどないからだ。しかし、内容がとぼしいからといって、社会面トップ、四段抜き見出し、写真つきという派手な扱いがおかしいということは出来ない。

そもそも「維新の元勲、贈太政大臣岩倉具視の直系の曾孫」の「公爵の妹」で「わずか二十歳の女性」が、こともあろうに「共産党シンパ」の容疑で検挙された――仮に現在であっても、これが大々的に報道されなければ、この世の中にニュースなどは存在しなくなるといっても言い過ぎではなかろう。その事実を簡単であろうがなかろうが世の中にしらしめるのは、新聞の当然の仕事である。

ましてや、上流階級や若い女性のからんだスキャンダルが大好きなことでは、当時の新聞はいまの週刊誌顔まけなのである。すこしあとのことになるが、男爵の南部健夫が「大森銀行ギャング事件」に関係した若い女性をかくまった容疑をかけられたときなど、新聞はこぞって興味本位に書きたてた。また、あとで述べる「不良華族事件」でも、そうした傾向ははっきりしている。

よく、「犬が人を嚙んでもニュースにならないが、人が犬を嚙めば大ニュースだ」というが、上流階級（華族）、若い女性、共産党、この三点がそろった事件は、まさに人が犬を嚙んだ以上のビッグニュースであった。『報知』が派手派手しく取り上げたことに、なんの不思議もない。

ところがおかしくなるのはここから先である。ほかの各紙がこの『報知』のスクープを追いかけなかったのだ。

昭和八年当時、『報知』以外に東京で簡単に読める一般紙は、『東京朝日新聞』『東京日日新聞』『読売新聞』『時事新報』『万朝報』『国民新聞』『都新聞』の七紙だった。それぞれが読者獲得をめざし激しい競争をくりひろげていたが、靖子検挙という大ニュースを『報知』に続いてすぐに正面から報じた新聞は一紙もなかったのである。

どうしてこんなことが起こったのだろうか。

まず、『報知』以外の各紙が靖子検挙という事件にニュースバリューがないと判断したなどということがありえないのは、いうまでもなかろう。それほど鈍いニュース感覚で新聞が出せるわけはないし、繰り返しになるが、戦前の新聞はいま以上にスキャンダルが大好きだったのだ。こんな絶好のネタを黙殺するわけは絶対にない。

あるいは、各紙が『報知』のスクープの後追いをすることをきらった可能性はないだろうか。一つの新聞が『特ダネ』を書いても、他紙が完全にそれを無視するのは、いまの時代でもよくあることだ。具体的にはあげないが、昭和八年当時でもそのような例はいくつかある。

が、これも結局はニュースの重要性次第である。例えば昭和天皇が腹部の手術を受けるというニュースは『朝日新聞』がスクープしたが、それ以外の各紙も続いて大々的に報道した。他紙のスクープだからといって無視するには、あまりに重要すぎるニュースだったからだ。「靖子検挙」の場合も本来ならば同じことがおこったはずである。しかし、『報知』以外の新聞はとうとうこの大事件をまともなやり方では報道しなかった。

## なかった続報

となると、そこにはやはりなんらかの特別の事情があったと思わないわけにはいかない。特別の事情、具体的には、報道をためらわせるどこかからの圧力、それが存在したと考えなければ、新聞各紙の奇妙な態度を説明することは不可能なのである。

圧力自体は靖子の検挙直後からあったにちがいない。もちろん、それは公然たるものではなく、隠微な形をとっていただろう。いうまでもないが、報道関係に圧力をかける最大の理由は、靖子が東伏見宮妃の姪だというところにあったのだから、法的規制などを大っぴらにやるわけにはいかない。そんなことをすれば、東伏見宮家のみならず、皇室全体に累がおよぶこともありうる。したがって、新聞社の上層部などにひそかに要請するという方法がとられたであろう。木戸や広幡がそのころからこのような形で動いていた可能性ももちろんある。

ただ隠微な動きだけに、完璧を期すことはできなかった。それが『報知』のスクープにつながったのであろう。法的規制なら否も応もないが、非公式な要請はあくまでも非公式なものだ。外部からの圧力をよろこぶ新聞人がいるはずはないから、現場がどうしても書くといえば上層部もあえて止めなかったという場面も想像できる。

ただ、『報知』も靖子が東伏見宮妃の姪だということにはまったく触れなかった。その意味では圧力の「成果」はある程度あったといえるかもしれないが、当事者たちにしてみればそれではすまなかった。かれらが『報知』の記事を読んだときの驚きと怒りは、察するにあまりある。

その結果、圧力はいっそう強まっていった。それはスクープ以後の『報知』を見れば分かる。当の記事はほとんど無内容だったのだから、読者は当然、続報を期待しただろうが、『報知』の紙面には、それはついにあらわれなかった。実は『報知』も他紙同様、スクープ以後、靖子のことをまったく取り上げなかったのである。

ここには明らかに圧力の存在が読み取れる。現場の記者たちは悔しくて仕方なかっただろう。それを表しているかに思えるのが、のちに靖子らの事件が当局から正式に発表されたときの『報知』の記事の書きっぷりである。

そこには「（本紙）る報」という表現が使われているのだ。「る報」とは屢報であり、しばしば報じるという意味である。ところが『報知』はしばしばどころか、四月二十一日以降、靖子に関する記事を一字も書いていない。にもかかわらず使われた「る報」という言葉に、記者たちのスクープの喜びと続報ができなかった悔しさが表れていると思うのは深読みが過ぎるだろうか。

## はかない抵抗

悔しかったのは『報知』の記者だけではあるまい。スクープを指をくわえてながめていなければならなかった他紙の記者たちのほうが、もっと悔しかったはずである。これもやや深読みのきらいがあるかもしれないが、その悔しさをかれらは靖子のことをさりげなく他の記事にもぐりこませる形で晴らしたように思える。

靖子のことが当局によって正式に発表されたのは十一月二十日だが、それ以前に靖子のことを活字にした新聞は『報知』以外に四紙ある。日付順に並べると、『万朝報』（六月十九日）『読売』（六月二十三日）『国民』（七月十八日）『東京日日』（七月十九日）である。この四紙の記事を読むと、いずれにおいても靖子はその他大勢の一人として登場するか、他のことを書くついでに名前を出すという形であらわれている。

『万朝報』の記事については前にも述べたが、そこでは靖子は山口定男、上村邦之丞とならんで『転向』したため近日中に釈放される『名門の子弟』の一人として出てくる。

『読売』では、小倉公宗、松平定光の二人が検挙されたことを報じる記事の中に、すでに検挙されている華族の子弟の一人としてあらわれる。

『国民』では、学習院や貴族院が華族の子弟の「赤化」防止のために対策を講じているとの記事の中に、検挙された一人として名前がある。

そして『東京日日』は岩倉具栄が帝室林野局を辞めたことを報じているが、その理由として靖子の検挙があげられている。

要するに、どの記事でも靖子は主役ではない。本来ならばこの記事を書いた記者たちは、靖子のことを詳しく報道したかったろうが、それは許されなかった。そこで、さりげなく他の記事に靖子の名前をもぐりこませる形で、読者に『公爵令妹』岩倉靖子検挙の大ニュースを伝えたのではなかろうか。

しかし、かれらの密かな抵抗、あるいはウサ晴らしもそこが限度だった。靖子の名前をどうにか出した新聞も、彼女が東伏見宮妃の姪だということは書けなかったし、また、靖子検挙は書いても、靖子起訴は書かなかった。起訴以後に靖子の名を出した『東京日日』などにも、起訴の事実は報じられていないのだ。

繰り返すが、『報知』が靖子検挙を報じた四月二十日以来、本格的な続報はどこにも出てこない。それどころか、靖子について一言半句も報道しない新聞さえある。何種類もの新聞を注意深く読んでいるものならともかく、大多数の人間の記憶からは靖子検挙のことは消え去ってしまったろう。

そして、起訴されたということがまったく報道されないとなれば、「赤化華族」の一員に東伏見宮妃の姪である岩倉靖子がいるという衝撃的な事実は、昭和八年夏ごろにはほとんど隠蔽されきったといっても過言ではない。

そして、あらためていえば、刑務所の中でさえ靖子が収容されている事実は隠されていた。おそらく天皇の意を体した木戸や広幡たちの工作は、十全な形でとはいえないにしろ、まずまず功を奏したのである。

## ジレンマ

自分をめぐってこのようにいろいろの動きがあったことを、獄中の靖子が知るすべはない。ただ、公爵家の一員であり、皇族の姪でもある自分が共産党シンパとして検挙、起訴されたことの持つ意味は、靖子も十分に分かっていたはずである。

何度もいうように、靖子を取り調べた特高や思想検事たちは、そのことをしつこく持ち出したであろう。「先祖の名を汚すのか」「兄上や御親戚のことを考えてみろ」「おそれおおくも妃殿下も御心配あらせられているぞ」――こんなセリフが繰り返し繰り返し、かれらの口から吐かれたにちがいない。

靖子がまったく平静な気持ちでそれらを聞けたわけはない。一つ一つの言葉が彼女をなにがしか動揺させただろう。しかし、彼女は結局屈せずに起訴されたのである。

思えばこれは驚くべきことだ。出自と思想のジレンマは「赤化華族」全体を悩ませたはずだが、かれらの多くは早々と転向することでそれを解消したのである。が、靖子は同じ道を選ばなかった。

では、獄中の靖子はそのジレンマをべつの方法で解決していたのだろうか。「転向」以外にそういう道はあったのか。

もちろん、そんなものがあるはずはない。靖子が公爵家に生まれたという事実は絶対に消すことはできないのだから、この世の中にみちみちている差別と不正をなくすことのできるのは共産党だけだという確信を捨てないかぎりは、このジレンマは絶対になくならない。靖子はいわば出口のない暗い穴の中で、悩みと向かい合っていたのだ。

一体、なぜ靖子はこれほど頑張りつづけたのだろうか。

靖子の性格を持ち出すことで、ある程度、この問いに答えることができるかもしれない。人並み以上の正義感、かたくななほどの生真面目さ、裏切りへの嫌悪感、こういうものが獄中の靖子を支えたと考えることも可能である。

が、それだけだろうか。以下の記述はほとんどが推測にもとづくことになるのだが、ここでどうしても思い出されるのが、父具張の一件なのだ。

第一章で述べたように、具張が醜聞をまきちらし、妻子を捨て、岩倉家を事実上の母子家庭にしてしまったとき、靖子はまだ満二歳にもなっていなかった。事件そのものを覚えているはずはない。しかし、成長するにつれ、母桜子や兄具栄の苦労が父の仕出かした放蕩のせいだということは、彼女の耳にも入ってきただろう。

それが靖子のような潔癖な少女にどんな影響をおよぼしたのかは、容易に想像できる。靖子が「五月会」の集まりに来た華族の女性にベーベルの『婦人論』を読むようにすすめたという挿話は前述したが、新しい女性解放思想に触れたことも、父の行動への批判や怒りをつのらせただろう。

そして、靖子の場合、それをストレートに態度にあらわすことが許されなかったことが、いっそう複雑な形で影響をあたえたのではないか。

放蕩のあげくに岩倉家を出ていった具張だが、前述したようにときどきは妻子のところに戻ってきた。そんな父に子供たちがけじめ正しい態度で接していたことは、具栄の少年時代の日記からうかがうことができる。それはもちろん、母桜子の言いつけによるものだろう。家督を自分の不始末によって息子に早々と譲ったとはいえ、一家の主はあくまでも具張だという態度を桜子はくずさなかった。名門の妻としては、それ以外のとるべき態度など考えられなかったにちがいない。靖子にも桜子は父を敬うように言いきかせたことだろう。

靖子が母にやさしい娘だったことは何度も述べたが、こういう母の態度のうらにある悲しみを彼女は敏感に察したはずである。そしていつしか、母をそのような目にあわせたのは父だけではなく、華族という階級も共犯だという考えに達したのではなかろうか。

もし岩倉家が市井の庶民の一家だったら、母も世間体や先祖への責任感にしばられることなく自由に生きられる。あるいは父だってその日その日を一生懸命生きなければならない平凡な庶民だったら、あのような愚行に走らなかったかもしれない――このように靖子が思いはじめたと想像することは無理だろうか。

人間同士の間になんの差別もない社会、人がその出自によって運命づけられることのない社会、それがこないうちは母も兄も自分も、そして父も幸せにはならない。女子学習院からの転校について記した所でも、靖子は長じるにしたがって華族社会になじめないものを感じだしていたのではないかと述べたが、父の放蕩はこういう形で、靖子の心の中に華族階級への疑問と反抗心を、より強く育てていったように思える。

このようにみてくれば、靖子がほかの「赤化華族」たち以上に頑張りつづけたわけも、はっきりしてくる。華族社会自体がなくならないかぎり、差別も不公平もなくならない。そう固く信じることで、特高や検事たちの懐柔策もすべて退けることができた。

しかし、やはり靖子も超人ではない。これからおいおい記すような事情で、ついに節を曲げる日がきた。が、そのときにも靖子は華族社会への疑問、特権階級がこの世に存在するということへの怒りを捨てていたわけではない。そして、それが悲劇的な最期に結びついていったのだが、ここではそこまで話を進めず、まず時間を追って靖子の獄中での様子をみていきたい。

# 第七章　獄中での姿

## 刑務所の中で

起訴され、市ヶ谷刑務所に移送された靖子を待っていたのは、警察の留置場における毎日とさほど変わらぬ生活だった。

もっとも靖子を取り調べるものは替わった。起訴されたことによって、靖子は警察の特高係や検察の手を離れたのだから、取り調べも予審判事が担当することになったのである。戦前の日本の刑事裁判では予審の制度があり、起訴された被疑者を実際に裁判にかけるかどうか、予審判事があらためて取り調べをおこなって決定する建前になっていた。

しかし、相手が替わっても、靖子が訊かれることは変わらない。なぜ、公爵家の娘ともあろうものが共産党の運動に参加するようになったのか。具体的にどのようなことをしていたのか。一緒に活動していたのは誰か——。靖子は依然として、こうした質問には答えない。訊くほうも訊かれるほうも、いい加減うんざりしたことであろう。

取り調べのないときは、これも警察でそうであったように、手記を書かされたにちがいない。が、結局、靖子が書くことは予審判事たちを満足させるものではない。もしかしたら、靖子は手記以外に手紙も書かされたかもしれない。警察での取り調べが硬軟両様のスタイルだったように、靖子に家族たちへの通信を許し、それを通じて靖子の内面を探ろうとするやり方がとられた可能性は高い。

当たり前のことだが、たとえ未決ではあっても、刑務所に囚われているものが外部に手紙を出すのは容易ではなかった。河上肇は靖子とほぼ同じ時期に市ヶ谷刑務所に収容されていたが、そのことについて『自叙伝』に、概略つぎのように書きのこしている。

まず、所定の曜日に担当の看守に手紙を書きたいと申し出る。二、三日かかって首尾よく許可が出ると、一枚の封緘葉書が渡される。それを持って刑務所内の筆記室へ行き、そこに備えつけられているガラスペンで手紙を書く。もちろん、そのあとに検閲があり、内容に問題がないと認められれば、桜の花をかたどった検閲済のスタンプを押されたうえで刑務所側の手で投函され、やっと家族のもとなどに届く。

まことに面倒な仕組みだが、あきらかに獄中で特別な扱いを受けていた靖子の場合は、もしかしたらこのような規定が厳格に適用されなかったかもしれない。河上は手紙を書く筆記室に関して、「やっと体が這入るだけの、伸び上がっても外の見えない高さに小窓の設けてある、薄暗いボックスであった。夏は昼間でもそこには沢山の蚊がいる」と記しているが、靖子には自分の房でゆっくりと手紙を書くことが認められたとも考えられる。しかし、手紙がかならず検閲されることは、靖子の場合も例外ではなかったにきまっている。予審判事たちは、靖子の手紙を念入りに読んだにちがいない。

しかし、靖子は家族への手紙でも、予審判事たちを喜ばせるようなことはなかなか書かなかったはずである。もし、手紙の文中にそのような記述があれば、そこを突破口にして、靖子は全面自供に追いこまれただろうが、靖子の態度に大きな変化はなかった。具体的な供述は相変わらずいっさいしなかったのである。

## 聖書を読む

が、官憲側に対する態度とは別に、市ヶ谷刑務所に移る直前ころから、靖子の内面にすこしずつではあるが、微妙な変化が生じはじめたことは事実である。

前述したように、靖子は六月末ごろから、「過去の思想は捨てた」と転向を意味する言葉を口にしだした。しかし、それには共産党シンパとしての活動についての細かい供述や手記がともなわなかったために、検事や特高警察は靖子が本当に転向したとは認めず、結局、起訴にいたったのである。

六月末に靖子がやや動揺を示したのは、おそらくそのころ、「赤化華族」たちに転向するものが相次いだためであろう。が、靖子は最後には踏ん張ったのである。あるいは、「赤化華族」転向のニュースも、かえって靖子の心をいっそう固く閉ざすのに役立っただけだったのかもしれない。

ところが、市ヶ谷刑務所に収容されてひと月足らずのころから、靖子の中にそれまでとはあきらかに質の異なった変化がおこってくる。それはキリスト教への「再接近」という形をとった。

岩倉一家とキリスト教の深い関係については第二章冒頭で記した。夫のスキャンダルを直接のきっかけとして母桜子が入信し、つづいて長男具栄、次男具実も洗礼を受けた。他の子供たちは受洗しなかったようだが、それでも教会には行っていた。靖子も十六、七歳までは、中渋谷教会や古河家の近くの教会の日曜学校などに熱心に通った。

しかし、靖子はある時期から急速にキリスト教の信仰から離れていく。そのわけは言うまでもないだろうが、宗教を「病める民衆の阿片」と断じ、神の存在を否定するマルクス主義にひかれるようになったからだ。靖子は聖書も読まなくなり、賛美歌を歌うこともなくなった。

その靖子に再びキリスト教に接する機会がおとずれたのは、皮肉なことに彼女が検挙され、渋谷署の留置場にいたときであった。桜子の依頼を受けた山室軍平、本間俊平が面会にあらわれたのである。

桜子がまず山室たちに娘との面会を頼んだのは、家族が派手に動くことで靖子の検挙が表沙汰になることを危惧したためだろうが、それと同時に靖子が信仰を通じて思想を変えるように望んだためであろう。その証拠に、二人は桜子がひんぱんに靖子に面会に行くようになってからも、久松署に出かけているのである。山室、本間の役割は、あきらかに獄中の靖子を「回心」させることであった。

しかし、靖子はなかなか山室たちに対して心を開かなかった。いくら勧められても、信仰を受けいれようとしなかったのである。二人以外にも、靖子に信仰を勧めるために何人かが警察に面会に訪れた。その中の一人は、「親孝行と思って、嘘でもいいから神を信じると言って母上を安心させなさい」と言った。靖子のような真面目な性格の人間に、こんな言葉は当然、逆効果であった。靖子はますますかたくなに信仰を拒んだ。

ところが、そうした靖子の心が市ヶ谷刑務所に移ったあたりから、徐々に変わってきたのである。

まず、七月末のことだと思われるが、靖子は自分から頼んで旧約、新約の聖書を差し入れてもらった。靖子がなぜ聖書を読む気になったのかはわからない。読書が好きだった靖子は、刑務所にも多くの本を差し入れてもらっているが、聖書もいくつかの本の中のひとつのつもりだったのかもしれない。あるいは、それこそ母を安心させるために、聖書を読むだけでも読んでみようと思ったのかもしれない。

が、いったん聖書を手にした靖子は、あっという間にその中に引きこまれていくのである。ひと月もたたないうちに、靖子は旧約、新約聖書と、これも差し入れてもらった内村鑑三の本や賛美歌集をむさぼるように読んでしまった。

九月上旬に母あてに書いた手紙には、以下のような一節がある。

朝と晩とに聖書を読んで、静に考へてをります。もう聖書も殆ど全部読み終わらうとしてをります。信仰に遠ざかつて居た心は、色々迷ふことが多く、困難に出会ひますが、聖書や、お奨めの本を読む間は、信仰に近づく事を感じ、又母上様のお心に近づくことを感じて安らかな気持になります。どうかして、母上様と一つ心になつて、共に喜ぶやうになりたう存じます。内村先生の歓喜と希望と云ふ小冊子は、大変嬉しく読みました。其の他の御本も、繰り返してよみました。あの書物を下さつた方にどうぞお礼を申し上げて下さいませ。讃美歌も入れて頂きました。歌ふことは許されませんが、よむだけでも、大きな慰めとなります。

靖子のこの急激な変化はどう説明できるのだろうか。信仰をもたない人間には、靖子の心の動きを十全に理解することはできないが、ひとつだけわかるのは、靖子にとって聖書の中に没入し、キリスト教の神を信じるようになることは、母桜子の心に近づくのと同じだったということだ。

思想犯を転向させるために「肉親の情」がさんざん利用されたことは第五章に記した。靖子にたいしても特高や思想検事たちは母桜子のことを持ち出し、泣き落としにかけようとしたはずである。しかし、すくなくとも警察の留置場にいた間の靖子はその手にのらなかった。のらないままに刑務所に送られた。

が、検挙されてからの靖子が、ずっと母のことを気にかけていたことは間違いない。

言うまでもないが、「肉親の情」におぼれなかったからといって、母への愛情が薄かったなどと決めつけることはできない。母桜子のことは、留置場の中でも靖子の最大の気がかりだった。しかし、やや古風にいえば「大義、親を滅す」との信念の紐が靖子をかろうじて縛っていたのである。

ところが、刑務所の中で聖書を読みすすんでいくことで、その紐は切れたのではなかろうか。官憲の「おためごかし」にはだまされなかった靖子も、聖書を通しての「肉親の情」には動かされたのである。

## マルクス主義とキリスト教

思想的にいえば、靖子はここで完全にマルクス主義や共産党と訣別したことになる。すなわち、靖子は主観的にははっきりと転向した。このことを官憲はすぐに知ったはずである。

が、予審判事たちはそれをまだ認めなかった。靖子が依然として具体的な供述をしなかったからである。

何度もいうように、思想犯が転向したかどうかを判断するのは本人ではなく権力側の人間であり、かれらは組織に打撃をあたえるような事実をしゃべらないものは、転向したとはみなさなかった。

さらに、予審判事や検事たちに首をかしげさせたのは、靖子がキリスト教の信仰にはいったこと自体ではなかったろうか。

思想犯の転向の動機はさまざまだが、荻野富士夫が『特高警察体制史』で紹介している内務省警保局の資料によれば、未決、既決を問わず、「家庭愛」によって転向したものが最も多い。ついで「拘禁中の内省」「読書」「教誨」「生活関係」「性格関係」「民族的自覚」「健康関係」「年齢関係」「道徳的反省」「結婚問題」「時局重大性に鑑み」「佐野・鍋山の声明書により」となっている。

もとよりこれは官憲側の調査だから、転向者たちの心情を正確に反映しているとはいえないかもしれないが、とにかく取り締まり当局は、転向の動機をこのように分類していたのである。

各項目の内容はいまひとつはっきりしないが、靖子のような場合は「拘禁中の内省」に分類されるのだろう。そこで問題になるのは「内省」の中身である。内省しマルクス主義を捨てたのは結構だが、その理由がキリスト教への入信では、取り調べにあたっている判事や検事たちも釈然としなかったのではなかろうか。

司法官たちは高等教育を受けているから、マルクス主義とキリスト教が理屈の上ではあいいれないものであることは知っている。「信仰に生きるものとなった」と靖子が言う以上、彼女が共産党の実践活動から完全に手を引く気になったことも了解しただろう。しかし、かれらの正直な気持ちは「やれやれ、マルクスの次はキリストか」といったところではなかったろうか。

明治憲法でも信教の自由は認められていた。第二十八条に「日本臣民ハ安寧秩序ヲ妨ケス及臣民タルノ義務ニ背カサル限ニ於テ信教ノ自由ヲ有ス」とあるとおりである。江戸時代には禁制だったキリスト教も布教を認められ、上流階級や知識階級の一部に広まっていた。

しかし、第一高等中学校に勤めていた内村鑑三が、教育勅語奉戴式の際、最敬礼をおこなわなかったと「不敬漢」よばわりされた例を持ち出すまでもなく、キリスト教は体制側からは絶えず「うさんくさい」存在、異端として見られていた。

ましてや時は「非常時」である。昭和七年秋には、カトリック系の上智大学の一部学生が靖国神社の例大祭で拝礼をしなかったことを理由に、陸軍省が同大や同系の暁星中学から配属将校を引き上げる騒ぎがあったが、体制側がキリスト教信仰を見る目はますます厳しくなっていた。

ややのちのことになるが、米英との戦争がはじまったころ、東京地裁の樋口勝という判事が司法部内でおこなった『左翼前歴者の転向問題に就て』と題する秘密報告がある。その中で樋口はこんなことを述べている。

「元来、転向といふことは、それが真実転向たるに値する限り、従来自己の抱懐してゐた思想体系(例へばマルクス主義)の個々的な論理的欠陥や理論的片面性等を摘発誇示することでもなければ、単に実践運動より身を引くことを誓ふことでもなく、況《いわ》んや、実践運動の戦略、戦術等の誤謬を云々することでは尚更ない。それは、又マルクス主義を日本化すること等であつてはならず、固《もと》より社会民主主義、自由主義乃至人道主義へ逃避することを意味するものでもない（之等一連の思想こそ却《かえ》つて正にマルクス主義の温床である）。即ち、マルクス主義よりの転向とはマルクス主義的意識そのものの全面的棄滅であり、延いて西欧的近代意識——それがまたやがて西欧化した生活意識でもある——そのものの端的な破却でなければならない。而《しか》も此の事たるや、日本人にとつては、ただ日本臣民として皇国の道義の自覚に徹する、そのことに依つてのみ為しうるところである」

この報告では、「日本的」でないすべてのものが排除されているのである。マルクス主義どころか、「西欧的近代意識」「西欧化した生活意識」が「破却」されることが求められているのだから、まさに神がかりとしか言いようがない。

もちろん、この報告がなされたのは靖子の事件があってから八年のちであり、しかも日本がイチかバチかで太平洋戦争に乗り出したあとである。が、ここに見られる「西欧的」なものへの警戒心、嫌悪感は、靖子と向かい合った判事や思想検事たちの心の底にもひそんでいたと推測しても、それほど間違いではないだろう。

そして、キリスト教はいうまでもなく「西欧的」なものの象徴である。ところが、靖子はそれを信じるようになったという形で、転向を表明したのだ。マルクス主義を捨てたのなら、せめて佐野学や鍋山貞親のように「天皇を戴く一国社会主義」あたりまでは突っ走ってくれなければ困る。ましてや靖子は公爵家の娘で親王妃の姪なのだ。天皇制への態度において、一片の曇りもあってはならない。それなのに「今度はアーメンか」と、当局者たちは憮然としたにちがいない。

結局、彼らは靖子の転向を今度も認めなかった。靖子は母に「神を信じる」と告白してから、さらに三カ月の獄中生活を送ることになるのである。

## 横田雄俊の転向

靖子が活動の細部にわたる供述を始めたのは十月末である。その結果、官憲も靖子の転向を認め保釈が許されるのだが、マルクス主義を捨て、神を信じるようになってからそれにいたるまでの靖子の内心の葛藤は、自分が具体的な供述をすることで、かつての仲間たちに累がおよぶのではないかという一点にあったはずである。

前述したように、「赤化華族」の中には検挙されるとすぐに、人名も含めた活動内容をしゃべったものもいた。しかし、靖子にはそれはできなかった。自分自身は思想的な清算をすませても、他人に迷惑をかけることは潔しとしないという生真面目さが、靖子をしばっていた。

しかし、そういう態度を変化させるのに決定的な影響があったと思われる出来事が、靖子が信仰に生きると母に誓ってから二カ月後におきた。横田雄俊《たけとし》の転向である。

第四章で述べたように、「五月会」の実質的リーダーだった横田は、昭和七年暮れか八年初めに司法官試補を辞めた。そのために官吏に認められていた兵役免除の特権を失い、八年二月に宇都宮の第十四師団に属する野砲兵第二十連隊に入営した。気の毒なことに、入営とほぼ同時期に新婚の妻春子を失ったが、だからといって軍隊から一般社会に帰れるわけはない。幹部候補生として勤務を続けていた。

ところが、横田は七月上旬、宇都宮憲兵分隊に引っぱられ、取り調べを受ける。当時の新聞報道によれば、憲兵が連隊内の倉庫で起きた火事の原因を調べているうちに、隊内に「赤化分子」がいることがわかり、横田もその関係で引致されたのである。

既述のように、横田が司法官試補を辞めた経緯をはっきりと説明できる資料はない。自発的辞職だったのか、一種の罷免だったのか、そのあたりは不明である。それと同じように、彼が憲兵隊の取り締まりの網に引っかかったいきさつも、いまのところはよく分からない。

ただ、横田には入営直後から憲兵の監視の目が光っていたことは容易に想像できる。もし、横田が思想的理由で司法官試補の職を追われたのだとしたら、当然、軍隊内でもはじめから要注意人物のレッテルが貼られていただろうから、憲兵が見過ごすわけはない。また、自発的辞職だったとしても、特高は横田が「目白会」会員だったことを知っていたから、憲兵隊にもその旨は伝わり、やはり、憲兵は彼を注視していただろう。

とはいえ、横田が連隊の中でオルグ活動に類することをおこない、それが憲兵に察知されたというようなことはなかったのではなかろうか。断定できるわけではないが、最終的に横田が受けた処分から考えて、彼が軍隊内でその種の活動をしていた可能性は薄いと思われる。憲兵隊が問題にしたのは、やはり「目白会」や「五月会」のことであり、それは八条隆孟や靖子が検挙、起訴されている以上は、横田についても問題にせざるをえないものであった。

横田は憲兵隊で約三週間取り調べられたあと、七月三十日、幹部候補生を免職となり、宇都宮衛戍監獄（陸軍刑務所）に収容された。そして、そこで師団法務部の法務官の取り調べを受けた。一般社会でいえば警察から検察に送られたわけであるが、法務官は検事とともに予審判事の役割も果たした。法務官の取り調べの結果、もし起訴相当ということになれば、横田は師団の軍法会議にかけられるはずであった。

ところが、横田は九月下旬、法務官にたいして転向を表明したのである。九月二十六日付の『読売新聞』夕刊（注・戦前の新聞の日付は朝刊よりも夕刊が先になっていた。つまり九月二十六日付夕刊は九月二十五日の夕方に発行され、そのあと九月二十六日朝に同日付の朝刊が出た）にはこうある。

「横田明大総長の令息雄俊（27）は、その後日曜毎に訪ね来る父横田氏の訓戒によつて非合法運動の非を悟り、係りの田島法務官に転向の意をもらした……」

そして、一カ月後、横田は不起訴処分となり、軍法会議にかけられることもなく、衛戍監獄を出所する。それを報じる新聞は、例によって新派劇を思わす見出しをつけた。

「横田秀雄氏の息　明るき道へ」「遂に不起訴処分となつて　慈母の懐ろにかへる」（十月二十九日付『国民新聞』夕刊）

予審判事たちは横田雄俊、春子夫妻と靖子の関係をすでに熟知していたから、横田転向のニュースをすぐに靖子に教えたにちがいない。そして、おそらく判事たちも予期していたように、靖子は激しい衝撃を受けたと推測される。獄中から家族への通信もぱったり途絶えてしまったという。

横田夫妻は靖子が国禁の運動にはいっていくときの、いわば先達だった。とくに春子は靖子にとって、かけがえのない存在だった。靖子がありとあらゆる精神的圧迫にもかかわらず、長い間、頑として「五月会」関係のことをしゃべらなかった最大の理由は、かつての仲間たちに迷惑をかけたくないということだっただろうが、そう思うとき、靖子の念頭に最初に浮かんでくるのは春子の顔だったにちがいない。春子がすでに死んでしまっていることは関係ない。いや、死んだからこそ、靖子は春子の秘密を守りたいと思ったのであろう。

ところが、春子の夫の横田が転向してしまった。ということは、春子をふくむ「五月会」に関することも、すべてが横田の口から明らかになったわけである。靖子の心に大きな空洞ができた。靖子が官憲の望むような形での転向を遂げるまで、あと一歩となった。

## 甥の誕生

さらにここでもう一つ、時間は前後するが、やはり獄中の靖子に微妙な影響をあたえたであろう出来事について述べなければならない。それは具栄の長男、すなわち靖子の甥が九月十日に誕生したことである。

靖子にとって神を信じることは母への愛情と表裏一体であり、靖子が必死に自制していた「肉親への情」は、神を信じるにいたったことで一挙にあふれ出たが、甥の誕生はそれにだめを押した感がある。

靖子の長兄で岩倉公爵家の当主である具栄は、昭和二年三月に東京帝大法学部政治学科を卒業した。そして内務省社会局に無給の嘱託として勤務しながら官吏の登竜門である高等文官試験（高文）を受けたが、残念ながら失敗した。かつては立身出世を夢見た具栄も、いつしか文学に心をひかれるようになり、法律を中心とする試験勉強にいまひとつ身が入らなかったのが落第の原因だという。結局、具栄は高文を断念し、翌三年十一月から宮内省帝室林野局に勤めることになった。

当時は金融恐慌、昭和恐慌と引き続く経済危機の時代で、普通の大学卒業生にとっても就職口を見つけるのは楽ではなかったが、具栄のような名門の華族には就職に関して別の苦労があったようだ。たとえば古河家のような財閥が親戚にあっても、一般企業では公爵という肩書はむしろ邪魔だから、コネでどこへでも就職できるというわけではない。また、実際に木戸幸一などはそういう目にあったらしいが、仮に高文に通って官吏になったとしても、同僚などから「生活に困らない華族さまに数すくないポストを占められているのは困る」といわれ、居心地の悪い思いをしたようだ。結局、彼らにふさわしいのは宮内省関係の職しかないということになる。

その意味で全国にある皇室の御料林を管理する帝室林野局の仕事は、公爵具栄にはふさわしいものだった。具栄も初めは役所勤めに気乗りしなかったが、生活の心配はないにしても、帝大まで出たものがいつまでも無職というわけにもいかない。また、文学の道を志し始めていた具栄には、各地に出張して自然にふれる機会も多い仕事はそれなりに楽しくもあった。

さらに、公爵である具栄は三十歳になれば自動的に貴族院議員になれる。同爵者の互選によって選ばれる伯、子、男爵議員には歳費が出るが、全員がなれる公、侯爵議員は無給である。しかし、国政の場で活躍できる機会があたえられることにちがいはない。

帝室林野局勤めはそれまでの腰掛けと思えば気楽でもあった。

ところが、具栄は八年七月十三日、帝室林野局を辞める。理由はいうまでもなく、妹靖子が検挙、起訴されたからである。そのとき具栄は、「東伏見宮妃殿下に申し訳がないから」と語ったというが、たしかに公爵家の当主としては、東伏見宮妃もふくむ「世間」に対してこれ以外の態度はとりようがなかったろう。辞職した具栄は、かねて興味を持っていた精神分析学と英文学の研究に没頭した（昭和十年、彼は英国の女流作家、キャサリン・マンスフィールドの短篇小説集の訳書を出版した。この本は靖子に捧げられている）。幼くして家督を継いでからの具栄の人生は苦労の連続だったが、そこに靖子の事件が重なったのだから、心労は大変なものだったにきまっている。が、文学を趣味以上のものとし、靖子とともにドストエフスキーの『罪と罰』の映画を見にいったりしていた具栄には、妹の行為が単なる「不祥事」だとは思えなかったにちがいない。彼が靖子のためにいろいろと奔走した様は第五章で述べたが、獄中の妹に対しても結婚したばかりの妻良子とともに、終始、優しい態度で接した。

兄が味わってきた苦労を知っているだけに、靖子には自分の行為が兄にどういうとばっちりを及ぼしたか、心配で仕方なかったろう。帝室林野局を具栄が辞めたと聞いたときなど、靖子の心は兄へのすまなさで苛まれたにちがいない。それだけに具栄と良子の暖かい態度は嬉しかったはずだ。そして、兄夫婦に長男が生まれたのを知ったとき、彼女の心の中の張りつめたものが緩んだ。

甥の誕生は暗い出来事ばかりに見舞われた岩倉家に、ひさびさにやってきた慶事である。靖子は母あての手紙のなかで、「御姉上様」として、良子へ次のように語っている。

> 御姉上様の御健康は、如何でいらつしやるかと、毎日御案じ致してをります。そして、今はそれのみ心にかかつて、御無事を祈り続けてをります。新しくお生まれになる赤様によつて、私がかき乱しました我家のお喜びを、戻して下さることと、それが、第一の希望でございます。（中略）御姉上様のお喜びは、お家全体の光となつて下さることが出来ると、信じてをります。

## 手記執筆

靖子が甥の生まれたことを知ったのは九月中旬、そして横田の転向を知らされたのは下旬と推測される。新聞報道によれば、靖子が予審判事たちにたいして具体的な供述を始めたのは十月末だから、その間の時間は短いとはいえない。靖子は最後の最後まで悩みに悩んだのだ。

しかし、一旦覚悟を決めると、靖子はすらすらと供述をおこない、手記を書いた。あまりの素直さに取り調べにあたった側がおどろいたと、靖子の自殺関連の記事の中で新聞は報じている（『都新聞』八年十二月二十二日付）。

思想犯たちが書かされる手記については、第四章でやや詳しく述べた。手記を書かせるのは取り調べの手段の一つともいうべきもので、特高や検事、予審判事が納得するまで何度も書き直しをさせた。書かされるほうもそれを知っているから、適当にお茶をにごすものもいたし、官憲の気にいるような内容を書くものもいた。

靖子が警察でも刑務所でも何回も手記を書かされたのは確実である。そして、それはどれも取り調べ側にとって、不満足な内容のものだった。捕らえられたほかの「赤化華族」たちの供述と照らしても、真実を書いているとは判断できず、具体性にも欠けていたことだろう。

しかし、十一月にいたって靖子が書いた手記は検事や予審判事たちが見ても、信憑性の高いものだった。靖子以外の「赤化華族」や「五月会」関係者はすべて転向し、活動内容を自供してしまっているのだから、靖子の手記が真実をのべているかどうか判断するのは簡単である。本当のことを書いていると判断できたからこそ、当局は靖子の手記をガリ版刷りにして残した。

手記を執筆している間の靖子の心境は、おそらく諦めに満ちたものだったろう。手記は岩倉家の間取り図まで入った詳細なものであり、靖子はなにからなにまで自供してしまうつもりになっていたことがうかがえる。

ただ、第四章で述べたように手記にはあきらかに事実と相違する点が一つある。それは上村春子の名字が「村瀬」となっていることである。これは何故だろうか。

手記を書いているとき、靖子は自分や春子の活動について、予審判事たちがすべてを知っていることを承知していた。だから、春子の本名を隠しても意味がないことも分かっていた。現に手記の他の部分で、靖子は春子が横田雄俊の妻であることや上村従義の長女であることを記している。にもかかわらず、なぜ靖子は「村瀬春子」などと書いたのか。

靖子の手記をガリ版に切る際に係官が単純にまちがってしまったということも、ありえないではない。しかし、「村瀬」という名前は手記の中に何カ所も出てくるから、その可能性は薄いし、もしミスなら印刷する段階で訂正されたはずである。となると、「村瀬」は靖子が書いたそのままと思うのが自然だ。

以下はまったく根拠のない推測だが、靖子は自分の手記に上村春子の本名を出すことをあくまでも拒んだのではなかろうか。死んでしまった従姉妹の秘密を守ることこそ、靖子が絶対に妥協できない一線だったのではなかろうか。

予審判事も検事も「村瀬」が上村春子だということは、とっくに知っている。そして、靖子も彼らが知っているということを知っている。それでも靖子は自分の手で手記の中に春子の本名を残したくなかった。ここに靖子の最後のはかない抵抗があったとするのは、行き過ぎた推測だろうか。

この抵抗は予審判事や検事には痛くもかゆくもないものだ。だからこそ、彼らも靖子が春子の姓は村瀬だと手記に記すのを見逃した。あるいは彼らにはここまで頑張りぬいた靖子への、驚きの念があったかもしれない。それも靖子の意味のない「嘘」を許す動機になった。こんな推測は成り立たないだろうか。

## 保釈

それはともかく、靖子の転向はとうとう官憲によっても認められた。第六章で述べた東京地裁判事たちの市ヶ谷刑務所訪問は、武藤富男の記憶では十一月半ばである。靖子が手記を書いていたころになる。先に引用した武藤の文章はこう続いている。

「(靖子は)板敷の床に、足の親指を重ねて端座し、壁から突き出ている板机に向かって洋書を読んでいた。その姿には、しつけのよさが示され、高貴な気品がただよっていた」

武藤が後年語ったところによれば、その洋書はドイツ語だったという。房の戸の小窓から、ドイツ語特有のヒゲ文字が見えたそうだ。

端座する靖子の姿から武藤は高貴さを感じたのだが、このとき靖子がおかれていた状況を詳しく知っていたなら、その後ろ姿に諦念を見てとったかもしれない。

武藤たち東京地裁の判事が市ヶ谷刑務所を視察してから半月ほどのち、桜子が結果的には最後となった面会にやってきた。雨の降る寒い日だったというから、記録を調べると十二月一日だろう。この日の東京は一日雨模様で、気温は昼でも摂氏十度まで上がらなかった。

桜子はもともと寒さにはつよいほうだったが、さすがに寒そうな様子をみせたらしい。靖子はそれをひどく気にかけた。母が自分のために心身ともに傷めているとの思いが、さらにつのった。十二月六日に書いた手紙にはこうある。

寒さにお強い母上様が、如何にも寒さうな御様子であつたので、どんなにお心もお體も、私故に傷《いた》めてゐるか知れないと思ひ、悲しうございました。泣くまいと思ふので、お話しようと考へてゐる事も口に上つて来ないで、心の中を思ふ存分お話出来ないので、残念でございます。本当に、今年中の事や、それ以前のこと、一つ〳〵に就いて、お話し、お膝にすがつてお詫びしたいと、どんなに願つてゐるか知れません。(中略)

以前の私の態度や行ひをお考へ下さいますと、どこまでも、悪い所ばかりでございませうが、もうこれからは、心も身も生れ変つた者として母上様の所へ歸りたいと思つてをります。

靖子は予審判事の取り調べにすべてを自供し、彼らの満足する手記も書き上げた。しかし、それですぐに釈放されるとは考えなかったようだ。予審も十二月後半まではかかる予定だったから、すくなくとも年内は刑務所から出られないと覚悟していた。この手紙の最後にも、「じゆばん（襦袢）は、ネルのもので、袖もまる洗ひ出来るものを、此の次差し入れて頂きたく、おねがひ致します」とある。

しかし、釈放は意外と早く認められた。靖子は十二月十一日、市ヶ谷刑務所から渋谷鉢山町の自宅に帰った。三月二十九日に検挙されてから八カ月半近くにわたった靖子の獄中生活は、こうして終わったのである。

# 第八章　不良華族事件と靖子の死

## 自殺の理由

この章ではいよいよ靖子の死について語らなければならない。なぜ靖子は寒い冬の朝、みずから命を絶ったのか。

靖子の死後、新聞や雑誌はそのことについてさまざまに書きたてたが、要するに靖子は家族に迷惑をかけたことを詫び、「赤」の運動に加わったことを後悔して自殺したというのが、彼らの解釈であった。

ごく平凡な解釈であるが、どの記事も靖子のことを詳しく調べたうえで書かれたわけではないから、それも当然ではある。新聞が思想犯の転向のニュースを新派ばりの「母もの」にしたてあげたことは前述したが、靖子の自殺も世間の「常識」にそった型通りの解釈をされたのだ。

靖子の検挙をスクープした『報知』などは、遺書の内容をデッチあげてまで、型にはまった記事を書いている。

「靖子嬢の傍らの白い封筒には世間を憚り肉親を思ふてか、宛名を書かず内容もごく簡単に『自分が赤化事件に関係し先祖を初め肉親に非常な社会的打撃を与へたことは申訳なくそのために死を選ぶものである』と整然と認《したた》めて……」（八年十二月二十二日付）

靖子の遺書は「はじめに」のところで紹介したものであり、そこには『報知』の報じるようなことは、一言も書かれていない。靖子の死を「常識」の枠の中に押しこめるためには、こんないい加減なことまでなされた。

さらに戦後になると、靖子は「転向を恥じて」自殺したのだとの意見もあらわれた。前出の『華族』という本で、編者の一人は靖子の自殺にふれてつぎのように書いている。「『戦前の非合法活動で転向した例は多いが、転向の責任をとって、自殺した例はめずらしい。この貴族の娘には恥の倫理が生きていたのだろうか』との評が、私の心にいつまでも哀しく残った」

この「評」が誰のものかはこの文章からは分からないが、筆者がこれに共感を寄せていることは明らかである。ここでは、志操を曲げたことを恥じ、みずから命を絶った健気にも気の毒な娘という「靖子像」が描かれている。

戦後、かつて共産党の運動に加わり、いろいろの形で犠牲になった人々は「悲劇の主人公」扱いされた、戦前とは別の形での「常識」が横行したのである。弾圧で精神的、肉体的な暴力を加えられ、ひどい場合には死にもいたった人々が気の毒でないわけはない。しかし、人はひとりひとり別であり、さまざまな形での悲劇がある。それが往々にして、十把ひとからげにされる風潮があったことは否めない。靖子の死もその中で型通りに美化された感がある。

もちろん、これらの解釈にもなにがしかの真実はふくまれているだろう。さらに戦前の新聞、雑誌の記事、あるいは『華族』においても、靖子は死して鞭打たれているわけではない。靖子への同情は、いずれの行間にもうかがうことが出来る。したがってその意味では、これらの不当さを鳴らすことはない。

が、靖子がみずから命を絶つという形で短い人生を閉じた以上、靖子と彼女が生きた時代に関心を持つ後世の人間は、その自殺の理由をもう少し深く考えておく必要があろう。そこでこれから述べていかなければならないのが、昭和八年秋に起きた「不良華族事件」のことである。

## 舞踏教師検挙

靖子が獄中で手記を書いていた十一月の半ばころ、東京赤坂溜池の「フロリダ」というダンスホールの舞踏教師が警視庁不良少年係によって検挙された。これが事件の発端である。

ダンスホールといい、舞踏教師といい、不良少年係といい、いまではまったくピンとこない言葉であり、事件そのものもいまならせいぜい質の低い週刊誌が騒ぐ程度の内容だが、戦前はこれが犯罪につながった。新聞記事を引用しながら、「事件」の概要を紹介しよう。

十一月十三日、警視庁が検挙したのは、「フロリダ」で客のダンスの相手をすることを職業としていた小島幸吉という男である。『東京朝日』の記事（十一月十五日付夕刊）によれば、小島は「日本一の好男子を自任してをり、美貌を種に有閑女群と醜行を重ねてゐた」。要するに客の女性たちの「火遊び」の相手をしていたわけだが、刑法に「有夫ノ婦姦通シタルトキハ二年以下ノ懲役ニ処ス。其相姦シタル者亦同シ」（第一八三条）と定められていた戦前では、これは検挙に値する行為だったのである。

十五日付『東京朝日』には、こんなすさまじい見出しが出ている。

「女性群を翻弄して悪魔は踊る」

「フロリダ舞踏教師の検挙で暴露された情痴地獄」

記事の中にも「徹底した色魔ぶり」とか、「醜悪なる『愛欲のダンス』」とか、書いたほうの異常な興奮のさまを想像させる表現が用いられているが、これが時代というものなのだろう。

それはともかく、この「舞踏教師事件」が「不良華族事件」に急転回するのだ。同じく『東京朝日』の十六日付朝刊から引く。

「（舞踏教師の検挙で）一群の有閑マダムの醜状が白日下にさらけだされたが、その一人である某伯爵夫人の如きはその著名なる社会的存在を誇り顔にダンスホールにいり浸り、同夫人が多数の婦人達を不良教師等に取りもつた事実も明かになつた。そこで警視庁不良少年係は同夫人を取調べるべく、十五日夕刻、刑事をその住居にさし向けたが、不在であつたので、十六日午前中に召喚し、情状如何によつては断然身柄を拘束して取調べることになるかもしれぬ形勢である」

さらに十八日付の同紙夕刊には、「踊る伯爵夫人　遂に召喚さる」として、十七日午後に、その女性が警視庁に連れていかれた旨の記事がある。安手の翻訳小説でもあるまいに「踊る伯爵夫人」とは言いも言ったりだが、醜聞の中心にこの華族の女性がいることが徐々に知れわたってくる。事件の様相は変わってきたのだ。

警視庁の取り調べにたいして、この伯爵夫人はあらいざらい自供した。いや、自供というと受け身の感じになるが、彼女は昂然とした態度でしゃべりまくったようだ。各新聞には、取り調べにあたった係官がおどろくほど恥ずかしい話をぞんざいな様子で言ってのけた、という意味のことが出ている。

このとき、彼女がしゃべったのはダンスホール関係のことだけではなかった。里見弴や久米正雄らの文壇人との賭博についても自供した。警視庁はそれにもとづいて、十七日夜に十五名の作家やその妻らを検挙した。十八日付各紙朝刊はそのことをセンセーショナルに書きたてたが、記事の中で「踊る伯爵夫人」の実名も書いた（注・新聞によってはもっと早い時点で実名を書いているが、具体的な内容をともなった記事は各紙とも十八日付朝刊である）。その結果、事件はさらに別の局面を迎えたのである。

## 吉井徳子

なぜ、別の局面を迎えたといえるのか。それはその名前を暴露された伯爵夫人が吉井徳子だったからである。

徳子の夫、つまり吉井伯爵は歌人として有名な吉井勇である。幕末に「勤皇の志士」として活躍し、のちに枢密顧問官になった吉井友実の孫にあたる勇は、石川啄木らと雑誌『スバル』を創刊し、耽美的な作風で歌壇に確固たる地位を占めていた。

吉井は旅に出ていることが多く、家に落ちついていることはほとんどなかった。また、徳子も当時としては型破りの個性的な女性だったから、夫婦仲がうまくいくわけはない。二人の間には子供もいたが、事件の半年ほど前には別居に踏み切っていた。そのことも新聞に大きく報じられたから、吉井伯爵夫妻はいろいろの意味で有名人だったのである。

しかし、これだけなら事件の局面が変わるといった大げさなことにはならない。醜聞を華やかにする要素が一つ付け加わったという程度である。局面を変えたのは、徳子が特別な血筋の出身だったことなのだ。

徳子の父は当時、貴族院議員だった柳原義光伯爵だが、問題はその義光の父で元老院議長、枢密顧問官をつとめた柳原前光《さきみつ》伯爵の妹が、明治天皇の側室で大正天皇を産んだ柳原愛子《なるこ》、「二位局《にいのつぼね》」の通称で呼ばれる女性だったことである。したがって、血脈からいえば義光と大正天皇は従兄弟になり、徳子と昭和天皇は「またいとこ」になってしまう。ダンスホールの二枚目で女に手が早い舞踏教師の検挙に端を発した事件は、かくして「雲の上」にとばっちりを及ぼしかねない方向へと発展していった。

しかし、当時の新聞には、徳子と皇室の関係などは一言半句たりとも出てこない。靖子が東伏見宮妃周子の姪にあたることをまったく書かなかったのと同様である。世間周知の事実だから書かなかったというわけではなかろう。醜聞が大好きな新聞も、あえてそれを明記するだけの「蛮勇」はなかったのである。

その代わりというわけでもなかろうが、『東京朝日』などは義光の妹にあたる歌人宮崎燁子《あきこ》（柳原白蓮）の談話を載せている。よく知られているように、この白蓮もかつては大いに世間を驚かせたことがある。堂上華族の男性と結婚しながら離婚し、さらに再婚した九州の炭鉱主伊藤伝右衛門のもとを出奔して年下の社会主義者宮崎竜介のところに走るという、破天荒のことをやってのけたのである。

その白蓮の談話だから、「姪がこのやうな問題を起こし叔母として恥ぢいる」と言いながらも、なかなか歯切れがいい。

「今度のダンス・ホール事件は一年以前の古傷だらうと思ひます。ダンス・ホールそのものは、いはば満座の中ですから、いはゆる風紀を乱すやうなことは出来るものではありません。そこで知り合つた方とお茶を一緒に飲みに行くといふやうなこともありませうが、それは私行上の事で大逆事件のやうな犯罪が起れば別ですが、警視庁としては少しやり過ぎではないかと思ひます」（『東京朝日』八年十一月十八日付）

もちろんこれは勇気があり、そして事情にやや疎かった白蓮だからこそ言えた言葉であった。確かに事は「私行上」であったが、その中身は「お茶を一緒に」程度ではなかった。それを知っていた木戸幸一ら宮中首脳は、白蓮がこのように新聞記者たちにしゃべっているときも、善後策に頭を痛めていたのである。

## 事件処理

「赤化華族事件」が起きたときは内大臣秘書官長だった木戸は、八年八月二十四日、宮内省宗秩寮総裁を兼任した。大平進一『最後の内大臣　木戸幸一』によれば、兼任にあたっては西園寺公望のつよい希望があったが、木戸自身は華族社会に問題が続出しているときに、華族の取り締まりにあたる職に就くことを渋ったという。無理もないが、しかし、多事多端の折だからこそ元老西園寺も木戸に宗秩寮総裁になってもらいたかったのだろう。そして、木戸は予想通り、就任早々、面倒な問題に直面することになってしまったのだ。

『木戸日記』に徳子たちのことが出てくるのは、八年十一月二十二日の項である。正確には日記のこのページに、木戸はつぎのようなメモをはさんだ。

「警察部調査

吉井徳子――

近藤廉治との関係。昭和六年八月中旬より今日に至る。丸子玉川水光亭にて関係す。

鈴木伝明、川口松太郎、慶応学生桜井浩太郎とも関係の疑あり。

近藤泰子

昭和七年十月中旬小島幸吉の居住する大和アパートにて関係。

山内豊陽とは、昭和六年七月より関係す」

近藤廉治と近藤泰子は夫婦である。廉治は日本郵船の社長をつとめた廉平男爵の三男で、爵位は兄滋彌が継いでいたが、弟の彼も華族である。また泰子は海軍大臣などを歴任した樺山資紀《すけのり》伯爵の孫にあたる。二人とも徳子の遊び仲間だった。

警察部とは皇宮警察部のことだが、そこが徳子らの行状を直接調べたのか、それとも警視庁の取り調べの結果を取り次いだだけなのかは分からないが、いずれにしろ報告に接した木戸は、事の重大性に緊張したであろう。

現在ならばただの「不純異性交遊」も、当時は犯罪になるということもある。しかし、それだけなら問題は簡単といってよい。木戸を悩ませたにちがいないのは、いうまでもなく徳子と皇室の関係であった。

建前だけいえば、大正天皇の母は明治天皇の皇后美子《はるこ》（昭憲皇太后）である。が、実際の産みの親が柳原愛子であることは国民みんなが知っている。平安時代ではないから、天皇の生母の里方の一族が優遇されることなどはないが、従二位という高い位階があたえられていることからも分かるように、愛子は皇室の中で特別の存在だった。

また、昭和天皇にとっても、理屈では愛子はただの臣下の女性だが、実際には祖母でである。保阪正康『秩父宮と昭和天皇』には、陸軍中央幼年学校在学中の秩父宮雍仁《やすひと》親王（当時は淳宮）が、行軍訓練の途中、四谷塩町にあった愛子邸の前を通ったとき、何度もふり返りふり返りしたとの挿話が紹介されている。天皇も長弟秩父宮と同じような感情を、愛子にいだいていたと想像してもいきすぎではあるまい。

それを天皇が口にしたかどうかは別にして、木戸は愛子への天皇の気持ちを敏感に感じとっていたはずである。しかし、靖子の起訴問題と同じように、日本が法治国家である以上、その軽重はともかく徳子たちへの処分を避けられないことも木戸は分かっていた。ここに彼の苦労があった。

## 処分

『木戸日記』から関係の箇所を抜き出そう。

「十二月十二日
午後一時、次官とともに山本伯（注・権兵衛）告別式に列す。帰庁後、岩波・本多両課長と吉井伯夫人、近藤廉治夫妻の処分案につき検討す」

「十二月十五日
十一時、大臣室に於て大臣、次官、淺田（恵一）参事官、岩波・本多両課長参集、吉井徳子、近藤廉治夫妻、吉井伯の処分につき協議し、原案の通り可決す」

「十二月十八日

内大臣より、大体左の如き話ありたり。入江太夫《だいぶ》より内大臣に内話あり。柳原（愛子）二位局は、吉井夫人の事件以来非常に心配せられて、最近は柳原家を出て分家したしとの希望あり。太夫は大に心配せられて、内大臣に相談ありたる次第なるが、右につき内大臣は是は是非思ひ止まって戴く様に致したきが、それには宮内大臣より太夫を経て、其の不可なる理由を御話するが一番よろしからんとの意見にて、宮内大臣も右に同意せられた」

「十二月十九日

午後二時、近藤（滋彌）男・柳原博光（注・義光の女婿）両氏に来庁を求め、審議会開催の不得止《やむをえざる》に至りし事情を説明し、非公式に諒解せしむ」

十二月十二日の項から分かるように、木戸は報告を受けてから二十日も経ってから下僚と処分の相談をしている。無論、華族であっても事件をおこせば普通の刑法などで裁かれるが、華族の身分に関する処分は華族令、華族戒飭《かいちょく》令に従っておこなわれることになっていた。その相談である。

もし、問題が単純ならば、これほどの時間は必要ないであろう。日記に具体的な記述はないが、木戸が慎重な気配りをし、苦労したさまが想像できる。処分の内容については後述するが、それにも「苦心」のほどがうかがえる。

いったん処分案がきまってからは、とんとん拍子のはずだったが、今度は愛子が難題を持ち出す。安政二（一八五五）年生まれの彼女は、当時、八十歳近い。思い詰めたのであろう。しかし、ここで愛子に分家などされては、事が大きくなるだけである。木戸はヒヤリとしたにちがいない。

結局、愛子も分家は思い止まり、面倒な事態は避けられた。あとは規定通りの手続きで、処分をおこなうだけである。十九日には徳子の義兄と近藤夫妻の兄が呼ばれる。「審議会開催の不得止に至りし事情」とあるのは、処分をおこなうためには、宗秩寮審議会を開かなければならないからである。逆にいえば処分をおこなうことが正式に決まったと、関係者に引導をわたしたわけだ。

ここで注目すべきは、徳子関係で呼ばれたのが婚家の吉井家のものではなく、実家の柳原家の博光だったということである。木戸たちは、事件の処理を柳原家を念頭においておこなっていたことが、ここからもはっきりする。

## 厳しい予想

この間、世間は「不良華族」たちがどのような処分をされるのか注目していた。もちろん、木戸たちが内定した処分案は一切公表されなかったから、新聞はさまざまな臆測にもとづく記事を書いた。そしてそれらは、実際におこなわれたよりは厳しい処分を予想していた。

その背景には、時の宮内大臣湯浅倉平にたいする世間の「期待」があった。内務官僚出身の湯浅は、昭和八年二月五日、会計検査院院長の職から宮内大臣に転じた。湯浅は爵位を持たず、また国務大臣の経験もないなど、宮内大臣としてはやや異例の人物だが、その硬骨漢ぶりを前任者の一木喜徳郎や首相の斎藤実に見こまれて、就任にいたったのである。

実際、湯浅は就任してすぐ、岩倉家とも縁の深い関屋貞三郎次官を更迭した。関屋には右翼の大川周明との関係がささやかれていたからである。また、宮内省の馬をめぐって李下に冠を正すような行為をしたとの噂があった西園寺八郎宮内省主馬頭《しゅめのかみ》を退任させた。西園寺主馬頭は「元老」西園寺公望の養嗣子だから、普通の官僚なら波風を立てないために手加減をくわえるところだ。新聞は湯浅の果断な措置に讃辞を送った。そして、「不良華族」たちの処分に関しても、大向うをうならせるようなことを期待したのである。

ここでは全部を引用できないが、審議会前日の十二月二十日までに発行された新聞（注・前述のように十二月二十一日付夕刊も含む）には、審議会における厳しい処分を予想するような記事がたくさん載った。

その中でもとくに目立ったのは、十二月二十日付の『東京朝日』である。「果然　問題の柳原伯　宗秩寮で審議さる　家庭不取締等で」と見出しをつけた記事で、「同伯爵家浮沈に関する重大なる結果をもたらすやも計り知れない形勢」にあると報じている。

繰り返すが、柳原義光伯爵は柳原愛子の甥であり、系譜上はともかく血筋からは大正天皇の実の従兄弟にあたる。そういう人物が「家庭不取締等」を理由に、処分を前提として宗秩寮審議会にかけられるとしたら、ただごとではない。しかも「伯爵家浮沈に関する重大なる結果」を予想しているのだから、かなり大胆な記事というべきだろう。

しかし、とくに柳原義光については、大胆なことを書かせる根拠がないわけではなかった。『東京朝日』はおそらく遠慮したためふれていないのだが、それは義光が、彼と同性愛関係にあったと主張する新派の役者あがりの男から、手切れ金をゆすられたと警察に訴え出たとの事実である。これは八年九月四日付の『国民新聞』が暴露しているが、同性愛云々の真相はともかく、恐喝事件は実際にあったのだから、義光の体面ははなはだ損なわれた。そこに、徳子の一件が重なったのだから、『東京朝日』が派手な予想記事を書きたてたのも無理はないともいえるのである。

## 寛大な措置

こういう「世論」を受けて、関係者もかなり厳しい処分を覚悟していた気味がある。たとえば爵位剥奪もあるのではと一部で予想されていた吉井勇は、十二月十七日に「隠居して爵位は息子に譲る」と発表した。文人吉井勇としては、いい加減に嫌気もさしたのだろうし、宮内省筋からの内々の圧力もあったようだが、自分のほうから先手を打つ意味もあったにちがいない。

ところが、十二月二十一日午前十時半から、議長の黒田長成《ながしげ》侯爵以下十人の審議官や湯浅、木戸ら宮内省首脳が出席し、皇居内で開かれた宗秩寮審議会で正式に決まった処分は以下のようなものだった。

まず、吉井徳子には、華族令第二十四条「華族ノ体面ヲ汚辱スル失行アリタル者ハ情状ニ依リ爵ヲ返上セシメ、華族ノ族称ヲ除キ又ハ其ノ礼遇ヲ停止若ハ禁止ス」との規定が適用され、「礼遇停止」処分が課せられた。徳子は伯爵夫人だから、宮中の行事などに招かれる資格があるわけだが、それを停められたのである。

また、近藤廉治・泰子夫妻には同条後半の「礼遇ヲ享ケサル家族ニシテ前項ノ失行アリタル者ハ華族ノ族称ヲ除ク」との規定を適用され、「除族」処分がおこなわれた。つまり近藤夫妻は華族から平民となったのである。

さらに、吉井勇と近藤夫妻の兄滋彌には華族戒飭令第一条「華族ニシテ華族令ノ懲戒ニ該《アタ》ラサル失行アルトキハ本令ノ規定ニ依リ之ヲ戒飭ス」が適用され、同二条に定められた「訓戒」が宮内大臣によっておこなわれた。爵位の剝奪などはなかった。

結局、処分はこれだけであった。そして、柳原義光のことは審議会の議題にものぼらなかった。新聞の予想は完全に外れたのである。

処分が果たして軽きに失しているかどうかは、「不良華族事件」の実相が完全に分からない以上は判断のしようがない。しかし、やはり不公平であることは否めまい。木戸のもとに届いた警察部の報告などから判断しても、事件の中心人物はやはり吉井徳子である。それが礼遇を停められただけであるにもかかわらず、近藤夫妻が華族の称号を取り上げられてしまったのは、どう考えてもおかしい。近藤夫妻が「除族」なら、徳子も同じ処分を受けるのが妥当というものだろう。

たしかに、華族の中でも礼遇を享ける資格があるのは、有爵者の曾祖父、祖父、父、推定家督相続人などとその配偶者と華族令で決まっていた。したがって、華族ではあっても有爵者の弟夫婦にすぎず、礼遇を享けられない近藤と泰子に対する処分は、華族令第二十四条によるかぎりは「除族」以外ない。その意味ではやむをえないとの見方もあるだろうが、それならば公平を保つためにも徳子も「除族」にするべきだ。華族令によれば、有爵者の妻の場合は、仮に死刑や懲役刑が確定しても、夫と同じ族称を保つべきだとの理由から、「除族」処分は受けないことになっていた。しかし、吉井勇はすでに爵位を息子に譲る意志をあきらかにしている。湯浅らの宮内省当局者に、徳子を厳罰に処する気があれば、「除族」処分を科することはできたはずだ。また、夫の吉井勇も「監督不行届」の科で、もっと厳しい処分に処すべきだ。さらに柳原義光にも処分があってしかるべきだ。

結局、ここに木戸たちの「苦心」があったのだろう。義光になんの累もおよぼさなかったことも含め、宮内省首脳たちは最大限の「配慮」をして、柳原一族に軽い処分をおこなったのである。理由はいうまでもあるまい。こうして、「不良華族事件」は不透明な形で一件落着したのである。

## 同族の醜行

さて、この事件と靖子の自殺との関係である。

まず、先にも引用した『サンデー毎日』の記事の一部を紹介する。
「例の乱脈華族、吉井伯爵夫人、近藤男令弟夫妻に対する宮内省の大鉄鎚がこれである。近藤男令弟夫妻は華族の族称を除き、吉井伯夫人は、礼遇停止、吉井伯は訓戒。――華族令第二十四条『華族の体面を汚辱する失行ありたるもの』の適用である。この事件の予報、経過のニュースこそは、靖子嬢が、最も目を掩はんとする『同族のいまはしさ』の指摘だつた。保釈出所を許されて、鉄窓裡から温かい家庭に帰つて僅かに十日目。この報道を手にした彼女の手は慄いてゐたさうです」

ここに紹介した部分の前後もあわせて読むと、要するにこの記事の言わんとしているのは、「不良華族」たちの醜状に絶望したことが靖子の自殺の一因だということである。「不良華族事件」が公になったのは、靖子がまだ刑務所にいたときである。刑務所の中で自由に新聞が読めたとは思えないから、靖子がこの事件を知ったのは出所後のはずだ。長い旅行から帰ったあとなど、留守中に来た新聞をむさぼり読んだ経験は誰にでもあるだろうが、靖子もそのようにし、そして吉井徳子らの行いを知ったことは十分に想像できる。

しかし、靖子は果たして死を思うほど、徳子らに憤りを覚えただろうか。幼い日に父が放蕩して家運を傾けたという経験を持つ靖子が、人並み以上に華族社会の腐敗を嫌い、それが彼女が共産党の運動に加わる動機の一つになったのは確かだろう。が、獄中で聖書に親しみ、回心を遂げていた靖子は、すでに他人への怒りで死を選ぶような心理状態からはほど遠いところにいたのではないか。『サンデー毎日』の見方もまた、靖子の自殺を報じた新聞の記事などと同様に、陳腐な固定観念に捕らわれているように思えてならない。

さらに読めばすぐに分かるように、この記事は致命的な誤りを犯している。それは、靖子が徳子たちに科せられた処分の内容を知ることができた、としている点である。宗秩寮審議会が開かれたのは十二月二十一日午前十時半、そして各新聞がその結果を報じたのは、同日夕方発行の二十二日付夕刊である。ところが、靖子は二十一日の早朝に死んでいるのである。処分内容を知ったはずがない。靖子が手にすることができた新聞は、昭和八年十二月二十日夕方発行の十二月二十一日付夕刊までなのだ。

この事実は小さいことのように見えるかもしれない。が、ここにこそ、靖子が自殺したわけを解明する鍵があるのだ。

## 思いこみ

靖子が実際に徳子らに下された処分の内容を知らなかったということは、彼女が「不良華族事件」の関係者には非常に厳しい措置がとられると思いこんでいたことを意味する。それは、これまでの記述から容易に推測できるだろう。

繰り返しになるが、『東京朝日』の十二月二十日付朝刊（十二月二十日朝発行）には、大正天皇の実の従兄弟である柳原義光伯爵が処分され、伯爵家に重大な危機がおとずれるかもしれないとの趣旨の記事が書かれている。

また、二十一日付の『報知』夕刊の見出しには、「華族社会の大革正に宮相の固い決意」とある。湯浅倉平宮相への「期待」があらわれている記事であるが、「期待」の中身は前に記した通りだ。さらに吉井勇が隠居し、爵位を息子に譲る決意を固めたとの記事も十八日付の各紙に掲載されている。

これらの記事を読んで靖子は大きな衝撃を受けたにちがいない。娘の醜聞が原因で、天皇家の「外戚」である柳原伯爵家さえ危うい目にあう。当主が爵位を失う可能性も新聞は示唆している。となれば、兄具栄の身に災難が降りかかるのはほぼ確実ではないか。

また吉井伯爵は息子に爵位を譲る決意をしたそうだが、吉井家の跡取りは幼少とはいえ小学校の上級生である。しかし、岩倉家の嫡男具忠は生まれたばかりの赤ん坊だ。兄が吉井のように処分される前に隠居したとしても、果たして具忠が公爵を継ぐことが出来るのか。もし出来なければ岩倉公爵家は一体どうなってしまうのか。靖子の想像は悪い方へ悪い方へと働いていったことだろう。

もちろん、靖子には自分は思想犯であり、一種の破廉恥罪を犯した徳子たちとは訳がちがうという誇りはあったろう。が、社会がその自分の誇りを少なくとも表面では受けいれてくれないということも、彼女ははっきりと認識していたはずである。

たとえば十二月二十一日付の『東京日日』夕刊には「(宮内省は）第二段として某方面に活躍した華族のお坊ちゃん達にも裁判所の公判をまたず大弾圧を加へる方針」とい

う記事が載っているが、世間はこのように「不良華族」の次は「赤化華族」とはやしたてていた。また、靖子が読むことはなかったが、十二月二十二日付の『東京朝日』で、吉井勇は自分や妻に科せられた処分について、「しかしかかる御処置は僕だけでなく、もつと広くやつて頂きたい。まだずいぶん色々あるんだらうと思ふ。たとへば思想問題にしてもさうだと思ふ」と語っている。「桃色」がすんだら今度は「赤」、というのが世間の「期待」だった。靖子にそれが分からなかったわけはない。

## 十二月二十一日

自分の行動が母や兄を初めとする岩倉家や一門、親戚の人々に多大の迷惑をかけたことを靖子は自覚していた。警察などに面会に来た人々にも、彼女はそれについて何度も詫びている。そして、母や兄、姉妹は許してくれた。信仰を通してという、やや特異な形ではあったが、靖子もまた、多くの思想犯と同じく「肉親の情」に身をゆだねていったのである。

だから、新聞などのいうように、迷惑をかけたことそれ自体を悔やんで自殺したという解釈はやはり皮相すぎる。靖子は岩倉公爵家が危機に瀕したと思いこんだ結果、死という道を選んだのである。そして、「不良華族事件」の表面的な推移を見るかぎり、靖子がそう思いこんだのは無理からぬことであった。

靖子が十二月二十一日早朝という時間に命を絶ったのも、偶然ではあるまい。その日の昼には、いよいよ宗秩寮審議会が開かれる。そこで、柳原伯爵家の浮沈にかかわる厳しい処分が決定されることは確実だと靖子は信じていた。そして、柳原家を見舞うであろう悲劇は、間もなく岩倉家にも訪れると彼女は思っていた。それを未然に防ぐにはどうしたらいいのか。岩倉公爵家を救うにはどうしたらいいのか。効果的、などという言葉は使いたくないが、二十一日早朝という時間を選んだことには、靖子の哀しい計算がこめられていたのであろう。

冒頭で述べたように、靖子は寝床に横たわったまま、かみそりで右頸動脈を切った。着物の裾もきちんと紐で縛っていた。呼ばれた医師たちが「実に見事な最期だ」と、感嘆したという。

靖子の件で岩倉家のためにいろいろと奔走した関屋貞三郎は、十二月二十一日の日記にこう書いた。

「会食中、岩倉靖子嬢昨夜《ママ》自殺セシ由、絹（注・関屋夫人）ヨリ電話アリ。七時過、岩倉邸ヲ訪ヒ……御兄弟ニ対シテ靖子ノ壮烈ナル死ヲ無意義ナラシメザル様……」

靖子は岩倉公爵家のために、まさに「壮烈ナル死」を遂げたのであった。

# 第九章　天皇が詠んだ歌

## 八条と森の公判

靖子の短い一生は終わった。しかし、話はまだ終わらない。靖子以外の「赤化華族」について語らなければならないからである。

検挙された「赤化華族」の中で起訴されたのは、靖子を除けば八条隆孟《たかなが》、森俊守の二人である。彼らの公判は、東京地方裁判所で昭和九年初めからおこなわれた。公判記録は戦災で焼けてしまったようで残念ながら存在しない。そこで、当時の新聞記事によって裁判の模様を簡単に記していく。

まず、八条を被告とする第一回公判は、九年一月十六日に開かれた。裁判長は武藤富男とともに市ヶ谷刑務所を視察に来た垂水克己判事であり、武藤も陪席した。

開廷は午前十時四十八分。最初に市原分検事が、「被告は東大卒業当時から共産党に関係し、昭和六年十月中旬、学習院学生、卒業生をもって共産党の資金網を作り、目白会会員数名も加入させ、また突撃隊ザーリアを組織し云々」と公訴事実を述べた。続いて裁判長が八条に、共産党を支持するようになった理由や、「ザーリア」の組織、スローガンなどを尋ね、八条はこれにはっきりと答えた。

また、森の公判は、二日後の一月十八日、やはり垂水裁判長係で開かれた。十一時二十分に開廷し、担当の堀真検事が公訴事実として、「被告は昭和六年十一月中旬ごろから共産党シンパとして月三円ほどのカンパをし、七年五月、八条らとともに共産党特別資金局学習院班を作り、その副キャップとして左翼活動をなした」と述べた。ついで、垂水裁判長が「大学時代に労働価値説の講義を聴講してどう思ったか」と尋ねたのに、森は「もの足りなかった。不満だったので資本論を読んだが、分からなかった」と答えた。新聞がこの答えをとらえて、記事に森をからかうような見出しをつけたのは既述の通りである。

新聞記事から判断するかぎり、二人とも積極的な公判闘争をおこなう意志はまったくなかった。検事の述べた公訴事実も全面的に認め、また、転向していることもあらためて表明した。弁護側はもっぱら情状酌量を求める戦術をとり、執行猶予のついた判決が出ることを希望した。

この弁護側の戦術は妥当なものだったというべきだろう。ともに貴族院議員だった二人の父親もその職を辞し、謹慎の意を明らかにしている。厳しい判決は出ないと予想する根拠は十分にあった。

## 実刑判決

しかし、被告、弁護側の期待は完全に裏切られたのである。一月二十五日午前十一時から開かれた第二回公判で言い渡された判決は厳しいものだった。

垂水裁判長はまず八条を、ついで森を法廷に呼び出した。そして、八条に「懲役三年」、森に「懲役二年」の実刑を宣告した。執行猶予はつかなかった。判決言い渡しの模様をつたえる新聞には「被告も弁護士もがつかりした面持」とある。

八条への判決理由の要旨はつぎの通りである。

「日本の華族は特権階級といふより、むしろ皇室の御ために尽くすべき任務がある。然るに八条は永い間、組織的に我が国と相容れない共産党の為に活動し、今日転向してゐるとはいへ、その罪はぬぐはるべきではない。かつその活動舞台は学習院、帝大等でこの悲しむべき事実は、最早我が歴史上抹殺できない。又この事実は共産党の運動を支持するにも与つて力が大きい。特別予防及び一般予防のために特に実刑を科するが、今後徒に悲観せず自己反省して社会のために尽すがよい」

森へも大体おなじことが申し渡されたあとで、つぎのような趣旨の言葉が付け加えられた。

「今となつて後悔はおそい。現在になつて転向し後悔する程であつたなら、最初から共産党の運動に入らなければよかつた。この犯罪事実は一身、一家、一国のために重大な影響を及ぼすこと位は知つて居たらう。法律は国民の前には平等である。今後充分自己反省して社会の為に尽すがよい」

要するに、華族の身分であるのに共産党の運動に加わったことが、転向したにもかかわらず実刑を科した理由とされているのである。

八条は直ちにこの判決に服した。「国家社会に対して申し訳ない。ことにその地位、環境に省みて恐懼している」という意味の談話を弁護士を通じて発表し、二月二日、市ヶ谷刑務所に下獄した。

先のことになるが、八条は市ヶ谷、豊多摩両刑務所で刑期をつとめあげて出所したあと、転向者の新しい思想原理を求める目的のために作られた国民思想研究所に入り、活発に活動する。模範的な転向者となったのである（もっとも彼は終生、天皇制への疑問を捨てなかったという近親者の証言もある）。

一方、森の態度は八条と対照的だった。一月三十日、一審判決を不服として現在の東京高等裁判所にあたる東京控訴院に控訴したのである。そのため、司法面における「赤化華族事件」の最終的決着は先送りとなったわけだが、新聞各紙は一審判決を報じる記事の中で、宮内省は判決が確定しなくとも実刑判決が出た以上は、「赤化華族」とその親たちへ厳罰を科す方針をかためたと伝えた。たとえば『東京朝日』の一月二十六日付夕刊の見出しを紹介すれば、こんな調子である。

「赤化華族に対する厳罰方針を確立」

「森、八条の実刑判決に鑑み　宮内省愈々硬化す」

「父兄等の処分も審議会へ付議」

また、八条の上訴権放棄、服罪をつたえる二月二日付の同紙には、「監督者父隆正氏の責任を追及す　宮内省の態度は依然強硬」との見出しつきで、こんな記事が掲載されている。

「今回の赤化華族の服罪は新例を開くこととなるので、たとひ父子爵が現在公職を一切なげうつて謹慎の身とはいへ、当局の赤化華族に対する態度は更に変はりなく、ひそかに子爵に対し隠居または辞爵の自発的態度を待つてゐる模様である」

「不良華族」に関しても新聞は実際以上に厳しい処分を予想した。この裏には特権階級の不祥事には断固たる態度でのぞむべきだという、ある意味では健全な考えがあったのかもしれないが、宮内省の処分は甘かった。そして、「赤化華族」の処分についても、同じようなことが起きたのである。

八条、森への一審判決はたしかに厳しいものだった。しかし、それが下されたころから、世間の目にまったくふれないところで、ある動きが始まっていたのである。それを後世のわれわれは『木戸幸一日記』によって、はっきりと知ることが出来る。

## 水面下の動き

昭和九年一月二十九日、すなわち八条、森の判決公判から四日後の日記に、木戸はこう書いた。

「広幡君来室。赤化子弟父兄の処分につき、御上《おかみ》に於ても御心配にて、亀井（茲常）、山口（正男）等の気の毒な事情等を御引例になり、御注意ありしとのことなりし故、決して将来の立場を失ふが如き処分は為さざる旨を奉答方、依頼す」

「広幡君」とは靖子の起訴の根回しを木戸とともにおこなった広幡忠隆、当時、侍従次長として昭和天皇の側近で仕えていた侯爵である。その彼が「御上」つまり天皇の伝言を持って、木戸に会いにきたのだ。

「御心配」「気の毒な事情」「御注意ありし」という抽象的な言葉がなにを意味しているかは、亀井茲常、山口正男という人名を鍵にすれば分かる。

亀井は検挙された茲建の父で伯爵である。森鷗外の出身地、石見《いわみ》国津和野藩の藩主の子孫だが、昭和天皇の皇太子時代からの侍従であり、大正十年の訪欧にも随行している。また、山口正男は定男の兄で男爵だが、母正子が皇太后（貞明皇后）に仕える女官だった。

要するに天皇は、自分の側近の亀井や、母后に奉仕する山口夫人が彼らの息子たちの仕出かした不祥事でショックを受けているのを気の毒に思い、広幡を通じて「あまり厳しい処分をするな」と木戸に「注意」したのである。そして木戸も、「そんなことはいたしません」と「奉答」したのだ。

八条、森の判決公判直後に宮内省の態度について書いた新聞記事は、綿密な取材にもとづいているように思える。前述のような新聞なりの考えがあって、ことさら厳しい予想をした気味もないではないが、しかし、やはりこの段階では木戸たちも「赤化華族」やその父兄たちに、それなりに断固たる措置をとろうと決めていたのではないだろうか。が、『木戸日記』に残るこの天皇の意志が、木戸たちの方針を一気に変えてしまったのである。

これ以後、木戸は「赤化華族」たちの「将来の立場を失わない」ように配慮しながら、事の処理に当たることになる。

## 天皇の歌

「赤化華族」たちの処分は、正式には九年三月十九日に開かれた宗秩寮審議会で決定されたが、『木戸日記』によれば実際には三月十三日の木戸と湯浅宮相らの会談で内定している。そして、その前後、木戸は「赤化華族」たちと会っている。

木戸の日記の三月九日にはこうある。

「午前十時より宮内大臣官邸に到り、所謂学習院班事件関係の森、中溝、上村（邦之丞）、副島（注・種義。副島種臣の孫で道正伯爵の嫡男。「目白会」会員。検挙はされなかったがシンパ活動に加わっていたとされた）、小倉等を招き、本多書記官と共に一人々々面談す」

さらに三月十五日にはつぎのような記載がある。

「十一時、久我通武を招き、赤化問題につき面談。

午後一時半、亀井茲建、二時半、山口定男に面談、同様の件につき質問す」

「面談」「質問」とあるが、つまるところ叱りつけたのである。前出の『最後の内大臣木戸幸一』によれば、亀井はのちに「それは情があり、思想と学理もあったが、徹底的な追及で、その後の私の人生の規範になったことはまちがいないね」と回顧したそうだが、木戸は若い華族たちをぎゅうぎゅう絞ったのだろう。

天皇が特に気にかけていた亀井と山口が最後に呼ばれたのは偶然ではなかろう。木戸は二人に処分は寛大であること、それには天皇の「思召」があったことなどを示唆しながら、将来を厳重に戒めたと思われる。

木戸の配慮はこのように行き届いていたが、天皇の意志は審議会開催を前にまた彼のところに伝わってきた。三月十七日の『木戸日記』から引用する。

「宮内大臣より十九日の審議会につき、陛下は殊に亀井（茲常）元侍従の息（茲建）の審かるゝを御心にかけさせられ、左の御歌を御詠み遊ばされたりとのこと、御仁慈の御心は誠に感激に堪へない。元来、審議会の問題になる人物は大抵は大小となく余の知人なれば、さらでだに心の痛を禁ずる能はざるに、如斯《かくのごとき》御製を拝しては、殊に心のにぶるを感ずる。つくづく嫌な仕事だと思ふ。

埃及《エジプト》の旅の供して病みたりし
　人の子おもふ春の此ころ」

大正十年の訪欧の途次、天皇はエジプトも訪れたが、東宮侍従として従った亀井茲常は日本を出発する直前に流感にかかり、旅行の間、体調がすぐれなかった。天皇の歌はこのことをふまえているのである。感傷的ともいえる内容で、こんなものを見せられては、たしかに木戸ならずとも「心のにぶるを感ずる」だろう。
意図的かどうかはともかくとして、こうして天皇は「赤化華族」の処分について、木戸たちに完全にダメを押した形となった。帝王としてはやや執拗すぎる感じがしないでもない。「つくづく嫌な仕事だと思ふ」との木戸の感想に、天皇のやり方へのウンザリした気持ちを見るのは行き過ぎだろうか。

**意外な処分**

三月十九日の宗秩寮審議会で決定された処分は、つぎのようなものだった。
森俊守　華族令第二十四条第一項により華族の族称を除き（除族）、位記返上を命ず
中溝三郎　華族戒飭令により譴責
上村邦之丞　同右
亀井茲建　同右
山口定男　同右
久我通武　同右
検挙された十人の「赤化華族」のうち、審議会で処分が決定したのは以上の六人だけである。靖子の名前がここにない理由は言うまでもない。また、八条が処分されなかったのは、検挙後、自発的に分家して華族の身分から脱していたためである。小倉公宗は

審議会の議題にはのぼらなかったが、宮内大臣の権限で華族戒飭令による「訓戒」となった。松平定光は活動の程度が浅く、処分に値しないと判断されたのだろう。

さて、六人への処分の軽重である。

森は除族され、華族の嗣子として持っていた従五位の位も返上させられたが、これは一審とはいえ実刑判決を受けているのだから、やむをえないというべきだろう。純法律的にいえば、控訴したのだから有罪か無罪かは確定しておらず、処分は時期尚早であるが、有罪判決をうけたこと自体を「華族ノ体面ヲ汚辱スル失行」とみなして処分したのだろう。一応、順当な裁きというべきだ。

ところが、あとの五人への処分は大甘だった。彼らに適用された華族戒飭令とは、吉井勇への処分について述べたときに説明したように、華族令で罰するほどではない「失行」を犯したものに適用されるものである。罰則としては「譴責」と「訓戒」があり、前者は宗秩寮審議会の審議を経て宮内大臣がおこない、後者は宮内大臣の判断でおこなうことになっていた。どちらにしろ、軽い罰則である。

「譴責」処分ですんだために、五人の華族としての身分は保証された。そのため、中溝は男爵の爵位を保ち、それぞれの家の嫡男だった上村、亀井、久我は爵位を継ぐ資格を失わずにすんだ。実際、のちに上村は男爵に、亀井は伯爵になることができた。

ただ、処分が妥当かどうかを考えるとき、「赤化華族」たちが若年だったこと、さらに全員が転向を表明していることは考慮にいれる必要があるかもしれない。大甘にはちがいないが、まったく理にかなわない軽い処分とまではいえないだろう。

　しかし、「赤化華族」の父兄たちが誰も処分を受けなかったことは、どうみても理解に苦しむといわざるをえない。「不良華族事件」では、当事者たちの夫と兄が宮内大臣によって「訓戒」されている。処分としては最も軽いが、華族戒飭令による正式のものであることはまちがいない。

　吉井夫人も近藤夫妻も警察には引っ張られたが、刑事罰などを受けたわけではない。その点では検挙されても起訴されなかった五人の「赤化華族」の青年たちと変わるところはない。それなのに、片方は監督の責務を負うと判断された親族が罰せられ、一方は全くのおとがめなしである。さらにいえば、吉井徳子、近藤夫妻はれっきとした成人だが、「赤化華族」たちの中には「部屋住み」のものも多いのだから、どちらの父兄が処分に値するかは論をまたない。これはあきらかに不自然というべきであろう。

　このことは森子爵父子の場合に最もはっきりとあらわれている。森俊守の父俊成子爵は息子が起訴された時点で貴族院議員を辞職した。ところが、兼任していた東京市会議長の職を辞めることは頑として拒んだのである。おまけに息子の俊守は一審判決に服さず控訴したのだから、世論は子爵親子を反省の色なしと責めたてた。審議会開催前日の新聞にはこんな見出しの記事がある。

「森俊守の赤化懲罰　父子爵に及ばん　何等責任を感ぜぬ態度に宮内当局頗る強硬」

（『東京朝日』三月二十日付夕刊）

ところが、結局、森子爵には法的な処分はなにひとつ科せられなかった。宮内大臣が「厳重注意」をあたえたが、これはあくまでも非公式なものである。吉井勇伯爵や近藤滋彌男爵にくらべて格段の差であった。

## 森父子

木戸は処分発表後、「父兄に対しては罪を九族に及ぼす事はどうかと思つて右の処分に決した」と語ったが、「不良華族」では「罪を九族に及ぼ」しているのだから、まるで説得力のない説明である。納得しない新聞記者たちは東京市会議長室へ押しかけ、森子爵に「なぜ辞めないのか」「どんな形で責任をあきらかにするつもりか」「爵位を返上するつもりはないのか」と迫った。

これに対し森は、「息子は控訴中である」と突っぱねる一方、「今度の問題では宮内省に対していかにすべきかの伺ひを立てた。その結果、事が重大で、将来同族にも影響する事であるから、出来るだけ慎重にせよとの事であつた」と語った。

控訴審の結果が出るまでは態度をあきらかにできない、というのはたしかに正論であろう。また、東京市会議長の職を断固として辞さなかったことから判断して、森子爵という人物は「筋」を重んじる頑固一徹の性格の持ち主だったのかもしれないが、やはりここまで頑張る背景には、木戸ら宮内省首脳からなんらかの示唆があったと考えるのが妥当である。「同族にも影響する事であるから、出来るだけ慎重に」という森子爵の言葉の裏には、「天皇の意向で寛大な措置をとることになったのだから、そちらも早まったことをしてくれるな」との木戸たちのメッセージが感じられる。

もし、吉井や近藤と同じく森を罰した場合、当然、他の「赤化華族」の父兄たちも処分しなければならない。天皇がことに気にかけている亀井伯爵や、皇太后側近で仕える女官の息子の山口男爵にも累が及んでしまうことになる。そのための甘い処分であったことは、これ以上説明するまでもあるまい。

ここで、仮に靖子が死を選ばずに法廷に立っていたら、と問うてみるのは空しいことかもしれない。が、あえて想像してみれば、もし靖子が有罪判決を受けたとしても、兄具栄公爵が処分されず、岩倉家が危機に瀕するようなこともなかったのは確実である。ましてや、靖子は皇族妃の姪であった。亀井たちとは別に、天皇の意向がはたらくことは十分にありえた。

森俊守の控訴審は、五月十二日、東京控訴院で開かれた。事実審理ののち、検事は「華族の身に生まれながら共産党の運動に加わるとは責任重大である。転向しているとはいえ、昨今、上流階級がとかく非難の的になっており、その覚醒、膺懲《ようちょう》、警戒のためにも断じて許すべきではない」と述べ、一審と同じく「懲役二年」を求刑した。状況は一審のときとなんら変わっておらず、また相被告だった八条隆孟はすでに服罪、下獄しているのだから、検察側としては当然の求刑である。

ところが、五月二十二日午前九時四十五分から始まった公判で、森に言い渡された判決は「懲役二年、執行猶予三年」であった。裁判長は判決理由として、「検事の言うことも一応の見方だが、本人は転向を誓い、将来は国家社会のために働くという意志を明らかにしているので、裁判所としては情状を酌んで執行猶予とした」と述べた。

この判決が宮内省筋の意向を反映しているかどうかは、証拠がない以上、軽々には言えない。しかし、当時の司法官僚たちが、関係方面の空気が微妙に変化していることを敏感に感じとったということは十分にありうるだろう。

いずれにしろ、森俊守は判決後、東京中野の自宅に帰り、父俊成子爵と「感激の涙をたたへて対面し、寛大な判決を喜び合つた」と新聞にはある。かくして、八条隆孟の検挙以来、ほぼ一年五カ月にわたった「赤化華族事件」は終わった。

## 葬儀

靖子の葬儀は、昭和八年十二月二十三日午後、鉢山町の岩倉家でおこなわれた。母桜子の希望でキリスト教式であった。長男具栄の結婚式には参列しなかった父具張も姿を見せた。また、岩倉家となんの付き合いもなかった右翼の巨頭頭山満からの花輪が届き、遺族を困惑させた。

同じ日の朝早く、天皇裕仁と皇后良子の間に初めての男児が誕生した。いうまでもなく平成の天皇明仁である。皇后はそれまでに四人の子供を産んでいたが、いずれも内親王であり、宮中の一部には天皇に側室を持たせようとの動きさえあったから、天皇夫妻の喜びはひとしおであったろう。東京市内十八カ所のサイレンも、皇嗣の誕生を祝って盛大に鳴った。日本全国が祝賀気分につつまれた。

そして、これはのちにあきらかになったのだが、やはり二十三日の午前、鉢山町からそれほど遠くない幡ヶ谷にあった共産党のアジトで、宮本顕治らが小畑達夫という男に対する査問を始めた。スパイの嫌疑をかけられた小畑は翌二十四日、死亡した。所謂「共産党リンチ事件」である。宮本らは事故死を主張し、警察は殺人と断じた。どちらにしろ、これをきっかけに宮本らは検挙され、もともと瀕死の状態だった日本共産党はほぼ完全に息の根を止められた。

靖子はこういうときに死んだ。

それから約十二年の歳月を経た昭和二十年八月十五日、長かった戦争は日本の完敗という形で終わった。そして、新しい支配者として日本にやってきた連合国軍最高司令官ダグラス・マッカーサー元帥は、十月四日、日本政府に対し「政治的、公民的及宗教的自由に対する制限の除去」と題する通牒を発し、政治犯の即時釈放、特高警察、治安維持法の廃止などを命じた。皇族として初めての総理大臣となった東久邇宮稔彦王は、それの実行は不可能として内閣総辞職をおこなった。しかし、これはもちろん無意味な抵抗であり、十月十日には東京の府中刑務所から徳田球一、志賀義雄らの共産党幹部が釈放され、『赤旗』も間もなく復刊された。

さらに翌年二月十三日、マッカーサー元帥は部下に作らせた憲法改正草案を日本政府に突きつけた。この草案は従来の華族制度を否定し、「現存する一代」に限って爵位を名乗ることなどしか認めていなかった。当時、厚生大臣だった芦田均によれば、このことを知った昭和天皇は、東久邇宮の後任の幣原喜重郎総理大臣に対し、「堂上華族だけは残す訳には行かないか」と述べたという（『芦田均日記』昭和二十一年三月五日）。

天皇家の家長、朝廷の主としての正直な気持ちだったのであろうが、この願いはかなわなかった。マッカーサー司令部製の草案をもとにした日本政府の憲法改正案も「一代華族制度」しか規定していなかったが、同案を審議した帝国議会はこれさえも削除し、二十二年五月三日、「華族その他の貴族の制度は、これを認めない」（第十四条）と定めた日本国憲法が施行された。華族制度は完全に廃止された。

人がその抱く思想や生まれによって差別されない社会が、こうして日本でも法的、制度的には実現した。「赤化華族」や「ザーリア」のメンバーの中には、森俊守、横田雄俊のように戦争が終わる前に生を終えたものたちもいるが、多くはこの新しい戦後の社会でそれぞれの道を歩んだ。

もし自ら死を選ばなければ、岩倉靖子も三十代前半という、まだ春秋に富んだ年齢で新しい時代を迎えることができたはずであった。

# あとがき

私が岩倉靖子のことを初めて知ったのは、本文中でも引用した『華族』という本を何年か前に読んだときである。同書での靖子に関する記述はごく短く誤りもあるが、私がこの本によって靖子の人生の輪郭を教えられたことにかわりはない。

『華族』を読んでから、私は靖子や関連のことがらについてもっと詳しく知りたいと思い、それなりの文献あさりをしてみたが、あまり成果はなかった。華族とか、非合法時代の共産党といったテーマはいまや流行おくれなのかもしれないが、戦後とはいえ昭和に生まれ育ったものの一人として、岩倉靖子と彼女が生きた時代のある側面が、時間の中に忘れ去られていくのは残念であった。その気持ちがこうじて私にこの本を書かせた。

「赤化華族」や「ザーリア」のメンバー、そして彼らと対峙した特高警察官や思想検事、裁判官のほとんどは鬼籍に入っている。存命の方たちも高齢のために病床におられることが多かった。もし、あと十年早く靖子について調べ出していたら、もっと明らかになった事実もあったかもしれないが、それは言っても詮ないことであろう。

しかし、幸いにも「ザーリア」の元メンバーのお一人が、貴重な回想を聞かせて下さった。この方は匿名を希望されたのでお名前を明らかにすることはできない。さらに、本文中でも記したように、東京地裁判事だった武藤富男氏のお話も有益であった。感謝の意を表する。

また、靖子にゆかりの何人かの方々もインタビューに応じて下さった。なかでも靖子の甥にあたる岩倉具忠氏（京都大学教授）には何度も貴重なお時間を頂戴した。とくに獄中での靖子の様子については、同氏の御助力なしには明らかにできないことも多かった。岩倉家となんの関係もない私には、靖子の自殺は歴史上の一つのエピソードにすぎないが、岩倉教授をはじめとする血縁の方々にはいまだに哀しい出来事であるにちがいない。それにもかかわらず御協力いただけたことに心から御礼を申し述べたい。

明記したように多くの文献を参考にさせていただいた。それぞれの著者の方たちが心血をそそいだ労作を「つまみ食い」する非礼をおかしたかもしれないことを惧れている。日本女子大学図書館、岡山県津山市立図書館、日本基督教団中渋谷教会などの御協力にも感謝したい。

私のつたない原稿に目をとめ、出版を勧め、本の形にしてくださったのはリブロポートの早山隆邦さんである。早山さんの御厚情にこの本の内容がいささかなりとも応えられていれば望外のよろこびと言わなければならない。

一九九一年一月

浅見雅男

# 主要引用・参考文献一覧

※五〇音順。西暦は利用した版が発行された年を示す。


『芦田均日記』（芦田均、岩波書店、１９８６）
『ある時代の手記』（宮内勇、河出書房新社、１９７３）
『一本の樫の木』（関屋綾子、日本基督教団出版局、１９８１）
『岩倉公実記』（多田好問編、原書房復刻、１９７９）
『岩倉具定公伝』（西村文則、北海出版社、１９４３）
『岩倉具栄とその時代』（刊行会編、１９８０）
『岩倉具視』（毛利敏彦、ＰＨＰ研究所、１９８９）
『岩倉具視　増補版』（大久保利謙、中央公論社、１９９０）
『梅のしるしと』（島津久子、世論時評社、１９８４）
『運動史研究』（全十七巻、運動史研究会編、三一書房、１９７８〜８６）
『遅い目覚めながらも』（阿部光子、彩古書房、１９８４）
『貝のうた』（沢村貞子、暮らしの手帖社、１９７８）
『学習院百年史』（編纂委員会、学習院、１９８１）
『華族』（金沢誠等編、講談社、１９６８）
『華族会館史』（霞会館編、同会館、１９６６）
『華族財産関係資料』（岡部牧夫・小田部雄次編・解説、不二出版、１９８６）

『華族資本の成立・展開　一般的考察』（千田稔、『社会経済史学』五十二巻一号）
『華族制度資料集』（霞会館諸家制度調査委員会編、吉川弘文館、1985）
『華族制度の研究』（酒巻芳男、霞会館、1987）
『貴族の退場』（西園寺公一、文藝春秋新社、1951）
『木戸幸一日記』（木戸幸一、東京大学出版会、1966）
『共産党員の転向と天皇制』（福永操、三一書房、1978）
『共同研究　転向』（思想の科学研究会編、平凡社、1959）
『近代日本思想体系第三十五巻「昭和思想集1」』（松田道雄編、筑摩書房、1974）
『近代日本総合年表』（岩波書店、1968）
『警視庁史』（編纂委員会、1962）
『激動の時代に生きて』（山本正美、マルジュ社、1985）
『元始、女性は太陽であった』（平塚らいてう、大月書店、1971）
『元帥西郷従道伝』（西郷従宏、芙蓉書房、1981）
『現代史資料第四十五巻「治安維持法」』（奥平康弘解説、みすず書房、1982）
『皇室辞典』（村上重良編、東京堂出版、1980）
『皇太子殿下御外遊記』（二荒芳徳・沢田節蔵、大阪毎日新聞社、1925）
『西園寺公と政局』（原田熊雄、岩波書店、1950）
『最後の内大臣　木戸幸一』（大平進一、恒文社、1984）
『左翼前歴者の転向問題に就て』（社会問題資料研究会編、東洋文化社、1972）

『サンデー毎日』（1936年1月7日号）
『自叙伝』（河上肇、岩波書店、1976）
『士族と士族意識』（福地重孝、春秋社、1967）
『事典昭和戦前期の日本制度と実態』（伊藤隆監修、百瀬孝、吉川弘文館、1990）
『社会運動の状況』（内務省警保局編、三一書房復刻、1972）
『昭和裁判史論』（上田誠吉、大月書店、1983）
『昭和史事典』（昭和史研究会編、講談社、1984）
『昭和史発掘』（松本清張、文藝春秋、1968）
『昭和新修華族家系大成』（霞会館諸家資料調査委員会、吉川弘文館、1985）
『昭和天皇の独白 八時間』（寺崎英成メモ、『文藝春秋』1990年12月号）
『昭和動乱の真相』（安倍源基、原書房、1977）
『昭和二万日の全記録』（原田勝正他編、講談社、1989〜）
『女子学習院五十年史』（同院編、1935）
『私暦をひらく』（西村勝一、マルジュ社、1983）
『新憲法の誕生』（古関彰一、中央公論社、1989）
『新人会の研究』（ヘンリー・スミス、松尾尊兊、森史子訳、東京大学出版会、1978）
『随筆西園寺公』（小泉三申、岩波書店、1939）
『政界道中記』（有馬頼寧、日本出版共同株式会社、1951）
『関屋貞三郎日記』（肉筆、国立国会図書館憲政資料室蔵）

『一九三〇年代日本共産主義運動史論』（渡部徹編、三一書房、1981）
『戦前戦中を歩む』（美作太郎、日本評論社、1985）
『続現代史資料第三巻「アナーキズム」』（小松隆二解説、みすず書房、1988）
『続現代史資料第七巻「特高と思想検事」』（加藤敬事解説、みすず書房、1982）
『側近日誌』（木下道雄、文藝春秋、1990）
『治安維持法小史』（奥平康弘、筑摩書房、1977）
『地下共産党・追ふ者追はれる者』（毛利基、『文藝春秋』1950年9月号）
『秩父宮と昭和天皇』（保阪正康、文藝春秋、1989）
『「転向期」のひとびと』（小林杜人、遊上孝一編、新時代社、1987）
『伝説の時代』（寺尾とし、未来社、1960）
『天皇制と社会主義』（伊藤晃、勁草書房、1988）
『同時代史』（三宅雪嶺、岩波書店、1979）
『時と人と私のこと』（佐多稲子、講談社、1979）
『特高警察体制史』（荻野富士夫、せきた書房、1984）
『特高月報』（内務省警保局保安課編、政経出版社復刻、1973）
『特高の回想』（宮下弘、伊藤隆・中村智子編著、田畑書店、1978）
『七十年の回想』（有馬頼寧、創元社、1953）
『日本共産党スパイM』（小林峻一・鈴木隆一、徳間書店、1980）
『日本共産党創立史話』（高瀬清、青木書店、1978）

『日本共産党の研究』（立花隆、講談社、1978）
『日本共産党の創立』（犬丸義一、青木書店、1982）
『日本共産党発行関係文書集』（社会問題資料研究会編、東洋文化社、1973）
『日本基督教団中渋谷教会七十年史』（同教会、1988）
『日本近代思想大系第二巻「天皇と華族」』（遠山茂樹編、岩波書店、1988）
『日本史総覧』（児玉幸多他監修、新人物往来社、1984）
『日本女子大学英文学科七十年史』（編集委員会、1976）
『日本女子大学校四十年史』（同校編、1942）
『日本女子大桂華寮』（林えり子、新潮社、1988）
『値段の明治大正昭和風俗史』（週刊朝日編、朝日新聞社、1981）
『幕末の宮廷』（下橋敬長、平凡社、1979）
『花の十字架』（阿部光子、『新潮』1967年4月号）
『土方梅子自伝』（土方梅子、早川書房、1976）
『「非常時」共産党』（風間丈吉、三一書房、1976）
『古河虎之助君伝』（編纂会、1953）
『松本学関係文書』（国立国会図書館憲政資料室蔵）
『森明』（清水二郎、日本基督教団出版局、1988）
『湯浅倉平』（林茂、刊行会、1969）
『吉井勇研究』（木俣修、番町書房、1978）

『依仁親王』（小笠原長生等編、東伏見宮家、１９２７）

※東京朝日新聞は縮刷版、東京日日新聞、読売新聞、報知新聞、時事新報、万朝報、国民新聞、都新聞はマイクロフィルムを利用した。

注・兄弟姉妹の順は必ずしも正確ではない
※は同一人物を表す

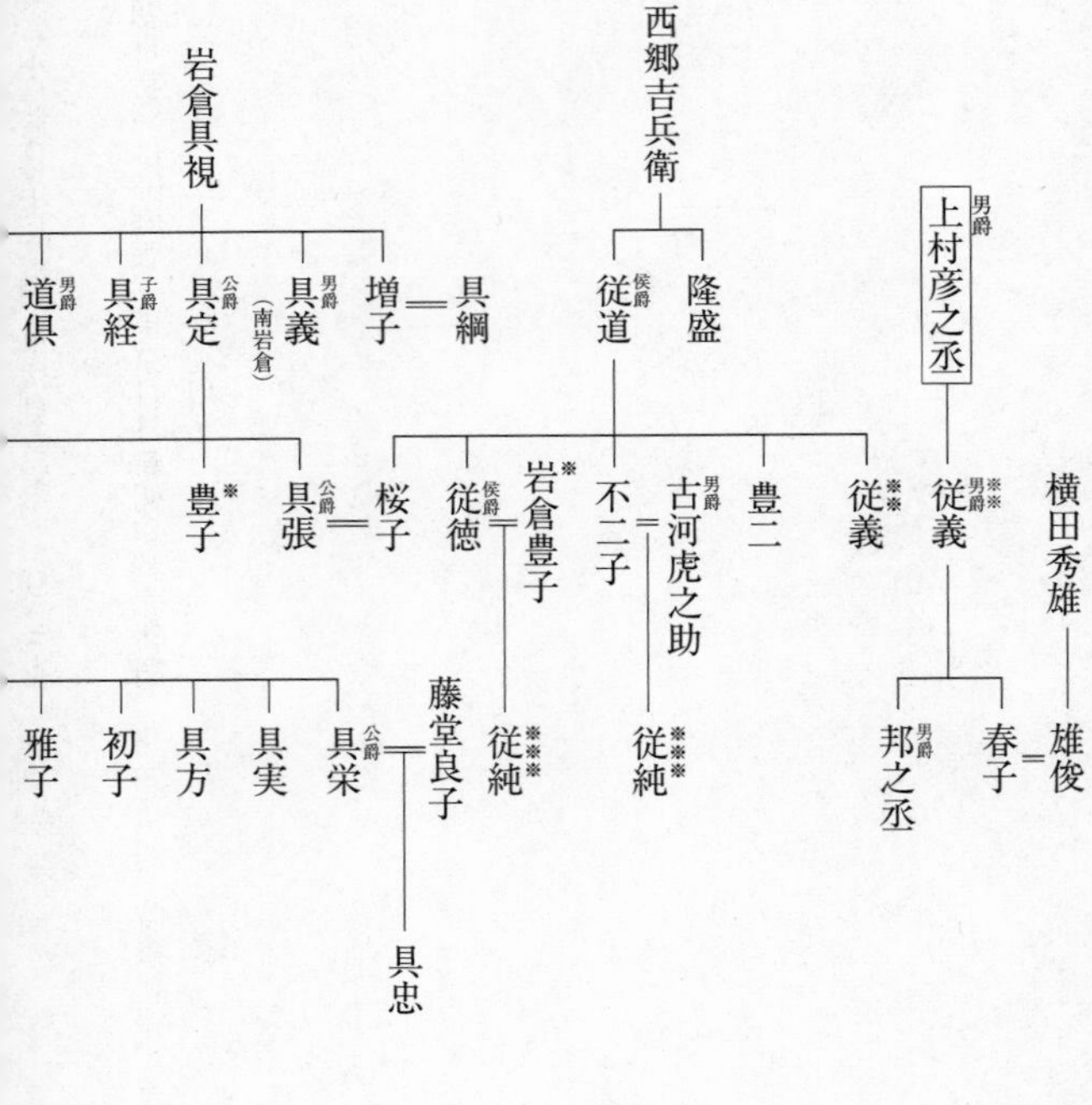

# 岩倉靖子関係略系図

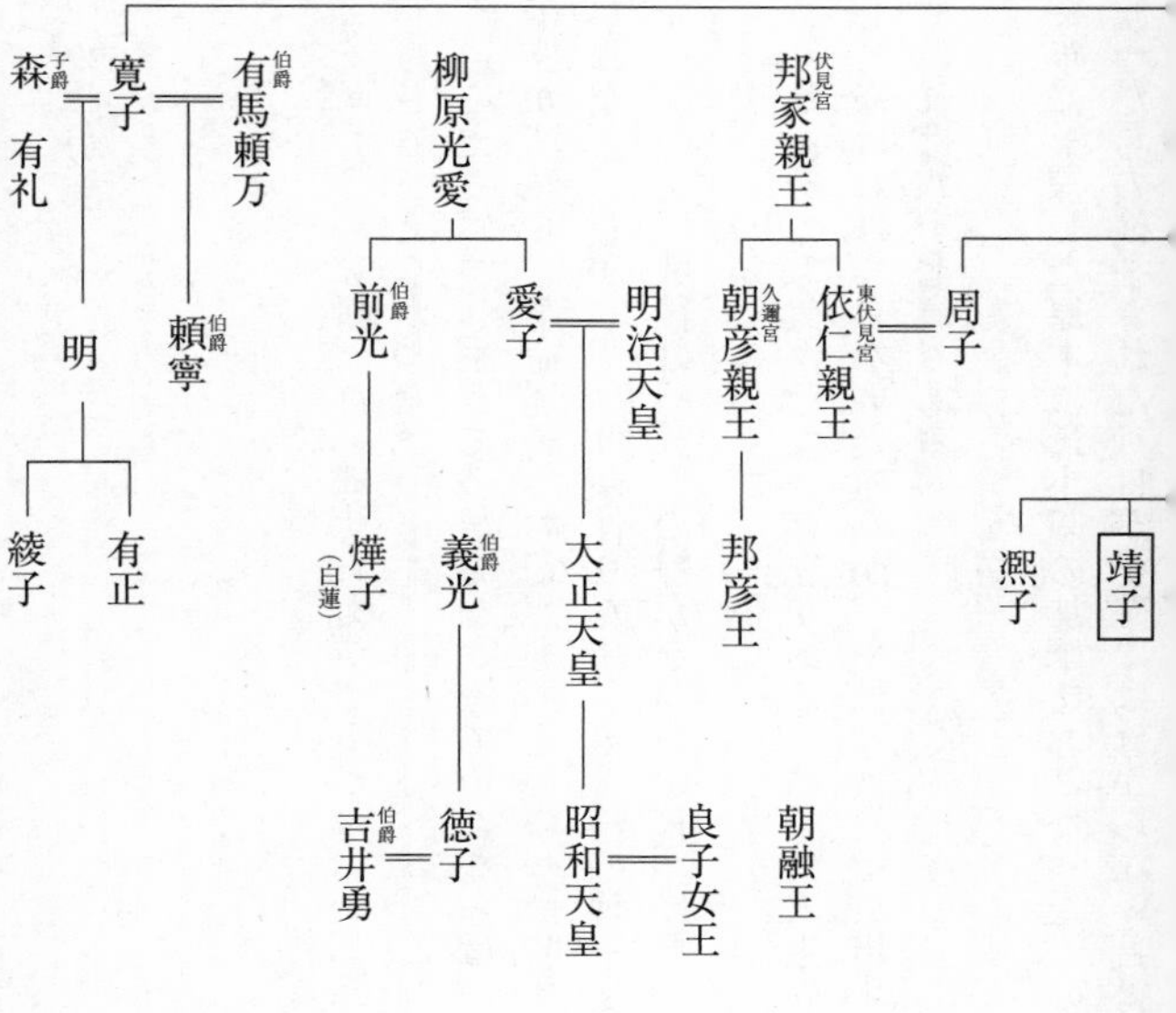

子爵 森有礼
寛子
伯爵 有馬頼万
明
伯爵 頼寧
綾子
有正
柳原光愛
伯爵 前光
愛子
明治天皇
燁子（白蓮）
伯爵 義光
大正天皇
伯爵 吉井勇
徳子
昭和天皇
良子女王
伏見宮 邦家親王
久邇宮 朝彦親王
東伏見宮 依仁親王
周子
邦彦王
朝融王
淑子
靖子

# 文庫版のためのあとがき

華族という出自と革命をいたずらに呼号する勢力に翻弄されつづけた岩倉靖子の短い一生は、哀しい形で終わらざるをえなかった。

もし靖子が自死という道をえらばず、生きて戦後をむかえていたならば、どのように歩んでいただろうか。華族が消滅し、革命運動への幻想も消えていった時代は、靖子には生きやすかったかもしれない。しかし、ひとが作りだすもろもろの理不尽さは、いつの世でも絶えることはない。靖子の戦後はそれとの静かな闘いの日々になっていたであろう。

歴史のなかには、小さくはあっても欠かせない存在がある。靖子の人生の意味を過大に評価することはつつしまなければならないだろうが、やはり彼女は哀惜するに足るひとであった。いま生きていれば八十七歳である。

*

この文庫版は一九九一年に上梓した原本に最小限の加筆をおこなったものである。原本では一部の「赤化華族」たちの検挙された月日が正確には分からないと書いたが、内務省警保局長だった松本学の残した資料によって明らかにすることが出来た。それが加筆の主な内容である。

文庫化にあたっては中央公論新社の糸魚川昭二さんのお世話になった。記して感謝の意を表する。

二〇〇〇年　夏

浅見雅男

# 新装版のためのあとがき

私が岩倉靖子について調べ、書くにあたって、もっともお世話になったのは、靖子の甥にあたる岩倉具忠氏（当時・京都大学教授）だった。氏は靖子の長兄具栄の長男で、靖子についての資料も保管していらした。そのなかには靖子が書いた手紙も数通あったが、氏は私がそれを複写し、原稿執筆に際して参考にすることを許可された。ただ、靖子の手紙をそのまま引用するのはやめてほしいともおっしゃった。なぜなら、「手紙に登場する靖子の姉のひとりが存命であり、手紙を読んだらあらためて哀しい思いをするだろうから」。

私はそのお言いつけに従って、単行本でも中公文庫版でも手紙の文章はいっさい引かなかった。しかし、靖子の人柄をあきらかにするためには、手紙を多くのひとたちに読んでほしいとの気持ちはぬぐえなかった。

本書で靖子のいくつかの手紙を引用したのは、その気持ちに負けたからである。靖子が亡くなってから九十年近くが経ち、具忠氏がいわれた「姉のひとり」はずいぶん前に亡くなり、具忠氏も数年前に他界された。もう貴重な手紙の文章を紹介しても許されるのではないか、私はそう思うに至ったのである。

　いま、靖子の手紙そのものをどなたがお持ちかはわからない。その方が私の判断に異議がおありなら、お許しをお願いするしかない。

　元版の単行本を刊行してから三十年以上が経った。靖子とその時代についての私の考えは変わっていない。再度の文庫版化をした文春文庫編集部、あらためて細かいチェックをおこなってくれた同編集部の曽我麻美子さん、校閲者の方々に御礼を申し上げたい。

浅見雅男

二〇二一年初夏

単行本　一九九一年二月　リブロポート刊
文庫　二〇〇〇年十月　中央公論新社刊
ＤＴＰ制作　エヴリ・シンク

本書は、中公文庫版を底本としています。

浅見雅男（あさみ　まさお）
1947年生まれ。70年、慶應義塾大学経済学部卒。出版社で雑誌、書籍の編集に携わりながら近現代史の研究、著述をおこなう。国際日本文化研究センター共同研究員、上智大学、学習院女子大学非常勤講師など。著書に『華族誕生』『不思議な宮さま』『皇族と天皇』『皇族と帝国陸海軍』『学習院』『歴史の余白』『明治天皇はシャンパンがお好き』ほか多数。

文春学藝ライブラリー
歴41

公爵家《こうしゃくけ》の娘《むすめ》　岩倉靖子《いわくらやすこ》とある時代《じだい》

2021年（令和3年）8月10日　第1刷発行

著　者　　浅　見　雅　男
発行者　　花　田　朋　子
発行所　株式会社　文　藝　春　秋
〒102-8008　東京都千代田区紀尾井町3-23
電話（03）3265-1211（代表）

定価はカバーに表示してあります。
落丁、乱丁本は小社製作部宛にお送りください。送料小社負担でお取替え致します。

印刷・製本　光邦

Printed in Japan
ISBN978-4-16-813093-9

（　）内は解説者。品切の節はご容赦下さい。

内藤湖南
**支那論**
博識の漢学者にして、優れたジャーナリストであった内藤湖南。辛亥革命以後の混迷に中国の本質を見抜き、当時、大ベストセラーとなった近代日本最高の中国論。（與那覇　潤）
歴-2-1

磯田道史
**近世大名家臣団の社会構造**
江戸時代の武士は一枚岩ではない。厖大な史料を分析し、身分内格差、結婚、養子縁組、相続など、藩に仕える武士の実像に迫る。磯田史学の精髄にして、『武士の家計簿』の姉妹篇。
歴-2-2

野田宣雄
**ヒトラーの時代**
ヒトラー独裁の確立とナチス・ドイツの急速な擡頭、それが国際政治にひきおこしてゆく波紋、そして大戦勃発から終結まで——二十世紀を揺るがした戦争の複雑怪奇な経過を解きあかす。
歴-2-5

勝田龍夫
**重臣たちの昭和史**（上下）
元老・西園寺公望の側近だった原田熊雄。その女婿だった著者だけが知りえた貴重な証言等を基に、昭和史の奥の院を描き出す。木戸幸一の序文、里見弴の跋を附す。
歴-2-6

原　武史
**完本　皇居前広場**
明治時代にできた皇居前広場は天皇、左翼勢力、占領軍それぞれがせめぎあう政治の場所でもあった。定点観測で見えてくる日本の近代。空間政治学の鮮やかな達成。（御厨　貴）
歴-2-9

シャルル・ド・ゴール（小野　繁　訳）
**剣の刃**
「現代フランスの父」ド・ゴール。厭戦気分、防衛第一主義が蔓延する時代風潮に抗して、政治家や軍人に求められる資質、理想の組織像を果敢に説いた歴史的名著。（福田和也）
歴-2-13

小坂慶助
**特高　二・二六事件秘史**
首相官邸が叛乱軍により占拠！　小坂憲兵は女中部屋に逃げ込んだ岡田啓介首相を脱出させるべく機を狙った——緊迫の回想録。永田鉄山斬殺事件直後の秘話も付す。（佐藤　優）
歴-2-15

猪木正道
## 日本の運命を変えた七つの決断
加藤友三郎の賢明な決断、近衛文麿の日本の歩みを誤らせた決断。ワシントン体制下の国際協調政策から終戦までを政治学の巨人が問い直す！（特別寄稿　猪木武德・解説　奈良岡聰智）
歴-2-16

秦　郁彦
## 昭和史の軍人たち
山本五十六、辻政信、石原莞爾、東条英機に大西瀧治郎……陸海軍二十六人を通じて、昭和史を、そして日本人を考える古典的名著がついに復刊。巻末には「昭和将帥論」を附す。

歴-2-17

江藤　淳
## 完本　南洲残影
明治維新の大立者・西郷隆盛は、なぜ滅亡必至の西南戦争に立ったのか？　その思想と最期をめぐる著者畢生の意欲作。単行本刊行後に著した「南洲随想」も収録した完全版。（本郷和人）
歴-2-25

三木　亘
## 悪としての世界史
ヨーロッパは「田舎」であり、「中東と地中海沿岸」こそ世界史の中心だ。欧米中心主義の歴史観を一変させる、サイード『オリエンタリズム』よりラディカルな世界史論。（杉田英明）
歴-2-26

本郷和人
## 新・中世王権論
源頼朝、北条氏、足利義教、後醍醐天皇……彼らはいかにして日本の統治者となったのか？　気鋭の日本中世史家が、王権の在り方を検証しつつ、新たなこの国の歴史を提示する！

歴-2-27

飛鳥井雅道
## 明治大帝
激動の時代に近代的国家を確立し、東洋の小国を一等国へと導いた天皇睦仁。史上唯一「大帝」と称揚され、虚実ない交ぜに語られる専制君主の真の姿に迫る。（ジョン・ブリーン）
歴-2-28

繁田信一
## 殴り合う貴族たち
宮中で喧嘩、他家の従者を撲殺、法皇に矢を射る。拉致、監禁、襲撃もお手の物。〝優美で教養高い〟はずの藤原道長ら有名平安貴族の不埒な悪行を丹念に抽出した意欲作。（諸田玲子）
歴-2-29

( )内は解説者。品切の節はご容赦下さい。

林 健太郎
## 昭和史と私
過激派学生と渡り合った東大総長も、若き日はマルクス主義に心酔する学生だった。自らの半生と世界的視点を合わせて重層的に昭和史を描ききった、歴史学の泰斗の名著。 (佐藤卓己)
歴-2-30

高木俊朗
## 陸軍特別攻撃隊 (全三冊)
陸軍特別攻撃隊の真実の姿を、隊員・指導者らへの膨大な取材と、手紙・日記等を通じて描き尽くした記念碑的作品。特攻隊を知るために必読の決定版。菊池寛賞受賞作。 (鴻上尚史)
歴-2-31

清水克行
## 耳鼻削ぎの日本史
なぜ「耳なし芳一」は耳を失ったのか。なぜ秀吉は朝鮮出兵で鼻削ぎを命じたのか。日本史上最も有名な猟奇的習俗の真実に迫る。「中世社会のシンボリズム——爪と指」を増補。 (高野秀行)
歴-2-34

江藤 淳
## 新編 天皇とその時代
日本人にとって天皇とは何か。戦後民主主義のなか、国民統合の象徴たらんと努めてきた昭和天皇の姿を、畏敬と感動を込めて語る。新編では次代の皇室への直言を加えた。 (平山周吉)
歴-2-35

松本清張
## 昭和史発掘 特別篇
『昭和史発掘』全九巻に未収録の二篇「政治の妖雲・穏田の行者」「『お鯉』事件」と、城山三郎、五味川純平、鶴見俊輔と昭和史の裏側を縦横無尽に語った対談を掲載。 (有馬 学)
歴-2-36

ドナルド・キーン(角地幸男 訳)
## 日本人の戦争
作家の日記を読む
永井荷風、高見順、伊藤整、山田風太郎など、作家たちの戦時の日記に刻まれた声に耳をすまし、非常時における日本人の精神をあぶり出す傑作評論。巻末に平野啓一郎との対談を収録。
歴-2-37